CHRISTINA BAUER

KOCHEN MIT CHRISTINA

ÜBER 70 REZEPTE
FÜR DEN BACKOFEN,
DIE IMMER GELINGEN

mit Fotografien von Nadja Hudovernik

Löwenzahn

INHALT

GUTES ESSEN, GUTER TAG: KOMM, WIR KOCHEN!

——————

Jeden Tag wieder die Frage: „Was essen wir heute?" Ich gebe zu, bei mir steht sie in der Beliebtheits-Rangliste nicht allzu hoch oben. Du kennst das bestimmt selbst: Im Alltag bleibt einfach keine Zeit, lange darüber nachzudenken, was als Nächstes gekocht wird. Bei mir geht es jedenfalls an einem ganz normalen Wochentag meistens richtig rund. Vormittags steht zum Beispiel ein Termin in der Backwelt an. Der darf aber nicht zu lange dauern, denn bald kommt meine Tochter Magdalena aus der Schule zurück – höchste Zeit fürs Mittagessen. Und wenn mein Sohn Thomas am Wochenende aus dem Internat anreist, bringt er immer viel Hunger mit – da koche ich gerne seine Lieblingsgerichte. Danach heißt es dann gleich wieder: Ärmel hochkrempeln und meine Ideen für neue Rezepte in die Tat umsetzen. Nicht zu vergessen die 40 Rinder, 30 Schafe und 2 Katzen, die mit uns auf dem Bramlhof leben und natürlich ebenfalls versorgt werden wollen.

Ob mit Bauernhof und Kindern oder ohne: Verlässliche, unkomplizierte Rezepte kann man nie genug haben. Denn bei allem Trubel, To-do-Listen und vielen Aufgaben, die täglich anfallen, sind mir selbstgekochte Mahlzeiten und gemeinsames Mittag- bzw. Abendessen immer wichtig. Weil gutes Essen einfach alles ein bisschen besser macht und diese Familienzeit für mich zu den schönsten Momenten des Tages zählt. Genau aus dieser Motivation heraus ist das Buch entstanden, das du gerade in den Händen hältst. Ich möchte zeigen, dass man fürs Kochen weder stundenlangen Aufwand noch eine endlose Zutatenliste braucht.

WARUM ICH SO GERNE MIT DEM BACKOFEN KOCHE

Dass ich gerne und viel backe, ist kein Geheimnis. Auf den folgenden Seiten geht es aber ausnahmsweise mal nicht um Brot, Kuchen und Co. – sondern ums Kochen, genauer gesagt um Ofengerichte.

Warum? Weil solche Gerichte einfach unglaublich praktisch sind: Ist die Vorbereitung erst einmal erledigt, heißt es Klappe auf, Klappe zu – und fertig, denn der Backofen übernimmt den Rest. Damit hast du die Hände wieder frei für alles, was sonst gerade ansteht. Ebenfalls praktisch finde ich, dass Ofenrezepte wirklich vielseitig sind.

HEUTE ESSEN WIR …

Mit dem Essen ist es so eine Sache: Woher soll man heute schon wissen, worauf man morgen Lust hat? Ich kenne das von mir selbst, aber auch von meiner Familie. Deshalb war es mir wichtig, in diesem Buch Rezepte für viele verschiedene Situationen und Geschmäcker zu vereinen. Du hast Lust auf warm und süß? Dann nichts wie rein in den Ofen mit den Dampfnudeln. Deine Kinder kommen mit einem Bärenhunger heim? Wie gut, dass es überbackene Schinkenfleckerln gibt. Es soll ein vegetarisches Gericht sein? Zeit für Gemüsegratin oder gefüllte Zucchini. Und wenn einmal ein paar vollgepackte Tage nacheinander anstehen, findest du im Buch zudem Vorschläge, wie du ein Rezept auf verschiedene Arten abwandeln oder weiterverwerten kannst, was vielleicht am Vortag übriggeblieben ist. Damit du am Ende nicht nur für heute gekocht hast, sondern auch gleich für morgen – und trotzdem nicht zweimal das Gleiche auf den Tisch kommt. Genauso gibt es aber natürlich Tage, an denen es gerne mal ein bisschen aufwendiger sein darf, zum Beispiel, weil Besuch kommt. Liebe Menschen mit gutem Essen zu bewirten: Das ist es mir immer wieder wert, auch mal etwas mehr Zeit fürs Kochen aufzubringen. Du findest also im Buch nicht zuletzt Rezepte für die ganz große Runde, vom klassischen Schopfbraten über Moussaka bis hin zu überbackenem Fisch mit Kräuterkruste.

„OJE, ANGEBRANNT"? GROSSE UND KLEINE MISSGESCHICKE VERMEIDEN

Ich bin überzeugt, dass Kochen – genau wie Backen – sehr einfach sein kann. Alles, was man braucht, ist ein bisschen Grundwissen. Deshalb habe ich dir ein paar Tipps rund ums Kochen mit dem Backofen zusammengestellt: angefangen bei der Frage, welche Einstellung eigentlich was bedeutet, bis hin zu Erste-Hilfe-Lösungen, wenn es einmal nicht so läuft wie geplant, bzw. Tipps, wie du solche Situationen von vornherein vermeiden kannst. Also los: Heizen wir schon mal den Ofen vor. Denn wenn es eine Sache gibt, die sich garantiert jeden Tag wiederholt, dann ist das der Moment, an dem irgendjemand sagt: „Hunger!"

Viel Spaß beim Nachkochen wünscht dir
deine Christina

KOCHEN, ABER UNKOMPLIZIERT: WARUM EIGENTLICH OFENGERICHTE?

Ich weiß nicht, wie es dir geht, aber ich persönlich finde: Ein gutes Essen kann den Tag retten – oder einen sowieso schon guten Tag noch besser machen. Das Schöne ist, dass „gutes Essen" so vieles sein kann: vom knusprigen Flammkuchen über den deftigen Schmorbraten bis hin zum fruchtigen Reisauflauf mit Pfirsichen. Langeweile kommt beim Kochen mit dem Ofen jedenfalls sicher nicht auf – dafür aber auf jeden Fall der kleine oder große Hunger. Und das ist auch gut so.

SCHIEB, SCHIEB IN DEN OFEN REIN!

Manche Dinge ändern sich eben doch nie: Auch beim Kochen ist und bleibt der Backofen mein liebster Küchenhelfer. Erstens, weil das Ergebnis so gut schmeckt, und zweitens, weil Ofengerichte so praktisch sind.

OFENGERICHTE GEHEN EINFACH IMMER

Egal, ob es 10, 20 oder 50 Minuten Ofenzeit sind – diese Zeit kannst du ganz gemütlich für andere Dinge nutzen. Zum Beispiel: die nächste Woche planen, den Hund nach draußen lassen, Pflanzen gießen, einfach mal die Füße hochlegen und ausruhen ... Noch ein Vorteil ist, dass Ofengerichte oft sehr ergiebig sind. Da ist es kein Problem, wenn der Hunger mal besonders groß ist oder jemand zum Essen dazukommt – ob spontan oder weil du die große Runde eingeladen hast. Und falls doch mal was übrigbleibt, schmeckt es am nächsten Tag mindestens genauso gut. Und ab Seite 99 habe ich dir meine Beilagen-Favoriten zusammengestellt. Spätzle, Nudelteig und Co. kannst du auf (fast) unendlich viele Arten kombinieren, überbacken, abwandeln … Eben immer je nachdem, worauf du gerade Lust hast. Wo wir gerade bei „darauf hab ich Lust" sind: Der Geschmack darf natürlich auf keinen Fall zu kurz kommen, praktische Vorteile hin oder her. Deswegen findest du im Buch Ofengerichte für wirklich jede Gelegenheit. Wie wäre es zum Beispiel mit einem deftigen Rindsgulasch für kalte Herbst- oder Wintertage? Oder Lachsfilet mit Kräuterkruste, wenn dir der Sinn mal nach Fisch steht? Oder doch dem guten alten Milchreis für den süßen Heißhunger?

DAS KLEINE BACKOFEN-EINMALEINS

Falls du beim Kochen aber nichts dem Zufall überlassen willst, blättere gleich weiter auf die nächsten Seiten und vertiefe dich erst einmal in die Grundlagen: Wie wichtig ist das Vorheizen bei Ofengerichten (Seite 11)? Wo liegt der Unterschied zwischen Heißluft, Umluft und Co. (ab Seite 10)? Und dann ist da ja noch alles, was vor dem Kochen passiert: Wie und wo lagert man welche Lebensmittel am besten (Seite 15)? Kann man Teig einfrieren (Seite 15)? Keine Sorge, wir sehen uns diese und viele weitere Fragen gemeinsam an. Aber: Trotz aller Vorbereitung kann es natürlich in der Küche passieren, dass etwas nicht läuft wie geplant. Auch mir passiert das immer mal wieder. Damit du manche Fehler von vornherein gar nicht erst machen musst, gebe ich dir zum Abschluss ab Seite 180 ein paar Tipps mit auf den Weg, was du im Ernstfall tun kannst – oder wo sich klassischerweise Fehler einschleichen.

AUFWENDIG? MUSS GAR NICHT SEIN

Gutes Essen muss nicht automatisch mit einem großen Aufwand verbunden sein. Lange Einkaufslisten abhaken, danach stundenlanges Kleinschneiden etc. – für all diese Dinge habe ich im Alltag einfach oft keine Zeit. Umso wichtiger war es mir, dass die Backofen-Rezepte in diesem Buch alltagstauglich sind. Was in meinem Fall bedeutet: Es soll unkompliziert sein, satt machen, für mehrere großzügige Portionen reichen – und natürlich richtig gut schmecken. Die Gerichte auf den folgenden Seiten haben diesen „Härtetest" in meiner Familie jedenfalls bestanden. Warum schwierig, wenn es einfach geht? Dieses Motto lässt sich übrigens auch dann umsetzen, wenn du Besuch zum Essen hast. Denn vielleicht geht es dir wie mir und du bewirtest leidenschaftlich gern Gäste mit selbstgekochtem Essen. Auch an solchen Tagen sind mir aber die Punkte wichtig, die ich oben schon genannt habe. Das fängt schon beim Einkaufen an: mit Zutaten, die im Supermarkt jederzeit erhältlich sind. Ich hoffe, du hast mit den Backofen-Rezepten in diesem Buch genauso viel Freude wie ich. Denn ganz ehrlich: Was gibt es Besseres als den Moment, wenn sich aus dem Ofen der Duft von frisch gekochtem oder gebackenem Essen ausbreitet? Also los: Machen wir die Ofenklappe auf und sehen uns gleich einmal die wichtigsten Grundlagen an.

MAL GANZ OFEN GESPROCHEN: EIN PAAR GRUNDLAGEN RUND UM OFENGERICHTE

Umluft, Heißluft, Oberhitze, Unterhitze, Restwärme und natürlich das Vorheizen: Zugegeben, auf den ersten Blick können die vielen Einstellungen verwirrend sein. Denn am Ende erfüllen sie doch alle den gleichen Zweck, nämlich etwas erwärmen ... oder? Wo liegt der Unterschied und ist es möglich, statt einer Einstellung einfach eine andere zu verwenden? Allesamt gute Fragen – gut genug, um sich das etwas genauer anzuschauen.

Eins vorweg: Jeder Backofen ist ein bisschen anders. Manche Geräte heizen z. B. schnell auf, andere eher langsam. Bei manchen ist es nicht möglich, Temperaturen auf das Grad genau einzustellen, andere wiederum haben eine digitale Temperatureinstellung. Dieses Kapitel ist deshalb als Orientierungshilfe gedacht. Probiere am besten einfach mit deinem eigenen Ofen aus, welche Einhängehöhe, Vorheizzeiten etc. das beste Ergebnis bringen.

EINE GANZ HEISSE ANGELEGENHEIT: BACKOFEN-EINSTELLUNGEN UND TEMPERATUREN

Bei den Backofen-Einstellungen geht es immer um die zentrale Frage, wie sich die heiße Luft im Ofen verteilt, denn das wirkt sich auf das fertige Gericht aus. Aber wie genau funktionieren Heißluft, Umluft und Ober-/Unterhitze? Hier ein kurzer Überblick:

Heißluft: Die Hauptrolle spielt hier ein Ventilator an der Rückseite des Ofens, der von einer Heizspirale umgeben ist. Er verteilt die heiße Luft, die von der Heizspirale ausgeht, dreidimensional im Innenraum. Ich persönlich backe bzw. koche am liebsten mit dieser Einstellung, weil sich der Backofen damit schnell erwärmt und Heißluft auch bei Gerichten mit viel Flüssigkeit sehr gut funktioniert. Die Hitze verteilt sich besonders gleichmäßig. Und noch einen Vorteil hat die Heißluftfunktion: Da die Backtemperatur niedriger ist als z. B. bei Ober- und

Unterhitze, ist der Stromverbrauch bei Heißluft ebenfalls niedriger.

Umluft: Achtung: Heißluft ist nicht das Gleiche wie Umluft. Bei Letzterer kommt die heiße Luft, die der Ventilator verteilt, von der Ober- und Unterhitze. Dabei kann es unter Umständen passieren, dass das Gericht etwas mehr austrocknet. Es ist also nicht empfehlenswert, z. B. einen Braten mit Umluft zu garen.

Ober- und Unterhitze: Der Name ist Programm, denn die Hitze im Backraum kommt dabei von oben und unten. Diese Einstellung ist vor allem dann praktisch, wenn du einem Gericht den „Feinschliff" verleihen, also oben oder unten Temperatur zugeben willst. In so einem Fall kannst du die Hitzeverteilung einfach entsprechend auf Ober- oder Unterhitze regulieren. Wichtig ist dabei immer, die Temperatur entsprechend anzupassen. Stell sie um 20 °C höher ein als bei Heißluft und Umluft. Warum? Ganz einfach: Die heiße Luft steht im Backraum und wird nicht verteilt. Die Hitzeübertragung ist also weniger stark.

Restwärme: Das ist die Wärme, die nach der Hauptback- oder Kochzeit verbleibt. Diese Restwärme kannst du nutzen und den Ofen z. B. schon 5 Minuten früher ausschalten.

Ist Vorheizen tatsächlich nötig?

Vielleicht hast du schon einmal den Tipp gelesen, dass z. B. bei Heißluft nicht vorgeheizt werden muss. Stimmt das? Es ist so: In vielen Rezepten werden deshalb Vorheizzeiten genannt, weil jeder Backofen unterschiedlich schnell die gewünschte Temperatur erreicht. Wenn du also vorheizt, kannst du sicher sein, dass die Angabe zur Ofenzeit stimmt. Ohne Vorheizen musst du öfter nachschauen, wie es gerade im Ofen aussieht, und solltest bedenken, dass die Temperatur nicht von Anfang an gleichmäßig ist. Gerade die einheitliche Backtemperatur ist aber bei vielen Fleisch- und Fischgerichten wichtig.

Reine Formsache

Wer Backofen sagt, muss auch Auflaufform sagen. Meiner Erfahrung nach ist es praktisch, einen Grundstock an verschiedenen feuerfesten Formen zu haben: eckig, oval, rund und im besten Fall jeweils mit Deckel. (Einen Deckel parat zu haben, ist u. a. dann praktisch, wenn du das Ofengericht oben nachbräunen lassen, aber dafür keine Alufolie verwenden willst.) Und was heißt feuerfest? Das bedeutet einfach, dass die Backform speziell für hohe Temperaturen gemacht, dickwandig und klassischerweise z. B. aus Gusseisen, Glas oder Keramik ist. Außerdem gut zu wissen:

— Dunkle Formen aus Emaille bzw. mit Emaille-Beschichtung nehmen die Hitze besonders stark auf. So wird das Gericht sehr gleichmäßig erwärmt.

— Wenn du ein Gericht kochst, bei dem die Oberfläche schön knusprig werden soll, nimm am besten eine große, flache Form.

— Solltest du für eine Backform keinen Deckel haben, kannst du alternativ zwei Lagen Alufolie auflegen. Drück sie fest am Rand der Form an, damit kein Dampf herauskommt. Ich persönlich versuche immer, Backformen mit Deckel zu verwenden, damit ich unnötigen Müll beim Kochen vermeide. Aber sollte das doch einmal nicht möglich sein, erfüllt Alufolie den gleichen Zweck.

— Du bist nicht sicher, welche Formgröße du nehmen sollst? Dann entscheide dich im Zweifelsfall für die größere, besonders dann, wenn es ein Gericht mit mehreren Schichten ist. Bei einer Lasagne (Seite 78) zum Beispiel, die sehr hoch geschichtet ist, kann es sonst passieren, dass die mittleren Lagen nicht so gut gebacken werden wie die oberen und unteren.

HOCHSTAPELN ODER TIEFFLIEGEN? DIE RICHTIGE HÖHE FÜR DAS BACKBLECH

Das ist bei Ofengerichten und beim Backen immer die große Frage. Ge nauer gesagt: In welcher Höhe hängt man das Blech bzw. Gitter am besten ein? Wie viele Bleche kann man gleichzeitig in den Ofen schieben? Eigentlich ist es gar nicht so kompliziert. Denn es kommt nur darauf an, welche Einstellung du verwendest und welches Ergebnis du dir wünschst.

Mit Heißluft oder Umluft zum Beispiel kannst du mehrere Bleche oder Gitterroste gleichzeitig einhängen, da der Hitzegrad im ganzen Backraum sehr gleichmäßig ist. So ist es gar kein Problem, wenn du z. B. zwei oder drei Bleche Pizza (siehe Seite 34) auf einmal backen möchtest. Lass am besten immer eine Schiene zwischen den Blechen frei, damit die Luft gut zirkulieren kann. Bei Ober- und Unterhitze wiederum heißt es aufpassen: Hier sollte das Blech möglichst mittig eingehängt sein, also in der zweiten oder dritten Schiene von unten. Natürlich kannst du auch regulieren, indem du das Blech entsprechend versetzt. Wenn etwa das Kartoffelgratin (siehe Seite 109) oben extra knusprig werden soll, hängst du es gegen Ende der Backzeit einfach eine Schiene weiter nach oben.

Das perfekte Match: Vom Herd in den Ofen – und andersrum

Ganz klar: Ofen und Herdplatten sind ein super Team. Was wäre zum Beispiel eine Lasagne (siehe Seite 78) ohne das Tomatensugo, das vorher gründlich auf dem Herd vor sich hin geköchelt hat? Oder die selbstgemachten Spätzle (siehe Seite 100), die kurz in Wasser gekocht werden, bevor sie zum Überbacken in den Ofen wandern? Ich habe die Erfahrung gemacht, dass es bei solchen Gerichten vor allem auf gutes Timing ankommt. Wenn du zum Beispiel Heidelbeerschmarrn (Seite 134) machst und die Form pünktlich aus dem Ofen nimmst, ist die Herdplatte, auf der du zuvor die Butter erhitzt hast, noch genau richtig warm, um den Schmarrn noch kurz nachziehen zu lassen. Herd und Ofen sind auch dann ein perfektes Duo, wenn es um Vorausplanung geht: Viele Gerichte kannst du an Tag 1 auf dem Herd kochen und an Tag 2 im Ofen zu einer neuen Mahlzeit abwandeln. Rezepte für solche Fälle findest du ab Seite 139. Kurz gesagt: Auch wenn viele Rezepte – nicht nur in diesem Buch – klassischerweise als Ofengerichte bekannt sind, spielt in ganz vielen Fällen der Herd auch eine (Neben-)Rolle während der Zubereitung. Wie heißt es so schön: Die Mischung macht's.

APROPOS REZEPTE ...

Bevor es losgeht, noch ein paar kurze Hinweise zu den Rezepten:

____ Weil ich generell alles abwiege, verwende ich in der Zutatenliste als Maßeinheit immer Gramm, auch bei Flüssigkeiten.

____ In den Zutaten wirst du auch immer wieder „Germ/Hefe" finden. Der Unterschied liegt aber wirklich nur in der Bezeichnung – mit Germ meine ich handelsübliche Backhefe.

____ In diversen Rezepten spielen Germ-/Hefeteig, Strudelteig und Co. eine Hauptrolle. Damit du für diese Fälle bestens vorbereitet bist, findest du vorab die entsprechenden Teig-Grundrezepte (ab Seite 19).

IMMER GUT VORBEREITET: WOCHENPLÄNE, LAGERUNG UND HALTBARKEIT

Gut geplant ist halb gekocht – oder so ähnlich. Jedenfalls hat sich beim Kochen sicher noch nie jemand gedacht: „Hätte ich bloß weniger geplant!" Deswegen gebe ich dir zum Start ein paar Tipps mit, wie ich es mit dem Einkauf und der Lebensmittellagerung handhabe.

GUT GEPLANT IST HALB GEKOCHT: WOCHENPLÄNE

Vielleicht geht es dir wie mir und du planst liebend gerne. Vielleicht nicht, und du willst dir nur nicht jeden Tag Gedanken machen müssen, was du heute kochst. So oder so: Es ist ziemlich praktisch, eine ungefähre Vorstellung zu haben, was es die nächsten Tage zum Essen geben soll. Eine der wichtigsten Fragen dabei? Ganz klar: Was magst du bzw. was mögen du und deine Familie gern? Leg dir dazu am besten eine Liste an und schreib zuerst alle Favoriten auf, die dir einfallen. Im Lauf der Zeit erweiterst du deine Liste nach und nach. Damit dir die Ideen nicht ausgehen, findest du im Anschluss ein paar mögliche Pläne.

Aber: Auch wenn die Vorausplanung für mehrere Tage wirklich praktisch ist, soll sie natürlich nicht in Stress enden. Es kann immer mal passieren, dass eine bestimmte Zutat nirgends mehr zu finden und dafür eine andere gerade im Angebot ist. Improvisieren gehört manchmal einfach zum Kochen dazu: Es muss ja nicht die ganze Woche streng durchgeplant sein. Ich selbst plane meistens 3–4 Tage fix voraus und entscheide dann relativ spontan, was in der zweiten Wochenhälfte auf den Tisch kommt. Der Einfachheit halber plane ich auch gerne nach Kategorien: einen Tag vegetarisch, einen Tag ein süßes Hauptgericht, einen Tag Nudeln usw. So sind auch die Beispielpläne im Anschluss ausgerichtet – für den Fall, dass du auf der Suche nach Inspiration bist.

TIPP.

Ich mache meinen Großeinkauf oft am Anfang der Woche und stocke dann frische Zutaten gegen Mitte der Woche auf. Denn auch wenn man idealerweise an einem Tag für die ganze Woche einkaufen würde: Zumindest bei mir sieht die Realität oft anders aus. Daher findest du in den Plänen jene Gerichte, für die es z. B. Fleisch oder Fisch braucht, den entsprechenden Wochentagen zugeordnet. Natürlich kannst du die Reihenfolge der Hauptgerichte aber ganz so verschieben, wie es am besten zu deiner Einkaufsroutine passt.

PLAN 1

	HAUPTGERICHT	NEBENHER UND DRUMHERUM
MONTAG	Überbackene Schinken-Käse-Spätzle	Doppelte Menge Spätzleteig zubereiten und die Hälfte davon einfrieren
DIENSTAG	Überbackener Reis (vegetarisch)	Doppelte Menge Reis zubereiten, im Kühlschrank aufbewahren
MITTWOCH	Pikant gefüllte Palatschinken/ Pfannkuchen	Variation für den süßen Hunger: einige Palatschinken/Pfannkuchen beiseitelegen und nach Wunsch mit Zimt/Zucker o. Ä. bestreuen
DONNERSTAG	Brathuhn mit Erbsenreis	
FREITAG	Kaiserschmarrn oder Heidelbeerschmarrn	
SAMSTAG	Nudelauflauf (vegetarisch)	Für den nächsten Tag: Spätzle auftauen, Fleisch einkaufen oder auftauen
SONNTAG	Rindsgulasch mit Spätzle	

PLAN 2

	HAUPTGERICHT	NEBENHER UND DRUMHERUM
MONTAG	Polpette mit Tomatensauce	Doppelte Menge Tomatensauce zubereiten und für die Pizza am nächsten Tag verwenden (oder einfrieren)
DIENSTAG	Pizza/Pizza Bianca	Doppelte Menge Teig zubereiten und im Kühlschrank aufbewahren oder einfrieren. Alternativ: Doppelte Menge Pizza zubereiten – schmeckt als Jause am nächsten Tag mindestens genauso gut!
MITTWOCH	Gefüllte Paprika (optional: vegetarisch mit Reis statt Faschiertem/Hackfleisch als Füllung)	
DONNERSTAG	Überbackenes Lachsfilet	
FREITAG	Milchreis	
SAMSTAG	Krautstrudel (optional: vegetarisch)	Doppelte Menge Strudelteig zubereiten und im Kühlschrank aufbewahren oder einfrieren
SONNTAG	Überbackenes Zwiebel-Rahm-Filet	

	HAUPTGERICHT	NEBENHER UND DRUMHERUM
MONTAG	Schinken-Lauch-Quiche	Doppelte Menge Teig zubereiten und einfrieren
DIENSTAG	Überbackene Schinken-fleckerl (optional: vege-tarisch)	
MITTWOCH	(Vegetarischer) Flamm-kuchen	TIPP: Rucola schmeckt möglichst frisch am besten, daher am besten innerhalb von 2 Tagen aufbrauchen – z. B. mit Polentapizza am Folgetag.
DONNERSTAG	Polentapizza	
FREITAG	Ofenkartoffeln	
SAMSTAG	Gebackene Marillen-knödel	Falls (von der Vorwoche) vorhanden: Strudelteig auftauen
SONNTAG	Lachs-Spinat-Strudel	Variation für den süßen Hunger: Apfelstrudel mit Vanillesauce

EINMAL EINLAGERN, BITTE: AUFBEWAH-RUNG UND HALT-BARKEIT

Beim Stichwort Haltbarkeit sind wir zurück bei der Wochenplanung: Ich plane für die ersten Tage direkt nach dem Einkauf meistens Gerichte mit Zutaten ein, die möglichst frisch ver-kocht werden sollten. Dann gibt es beispielsweise Polpette (siehe Seite 81) aus Faschiertem/Hackfleisch oder ein Rezept wie Schinken-Lauch-Quiche (Seite 41).
Aber wohin mit den Lebensmitteln, die du nicht gleich verarbeitest?

VARIANTE 1: EINFRIEREN

Wenn du Lebensmittel einfrieren möchtest, erledigst du das am besten, solange sie noch frisch sind. Viele Ge-müse-, Fleisch- und Fischsorten sowie Brot und Gebäck kannst du ohne Pro-bleme einfrieren. Lebensmittel mit hohem Wassergehalt (z. B. Wasserme-lone, Tomaten, Gurken ...) oder auch Kartoffeln eignen sich wiederum nicht als Gefriergut – sie werden beim Auf-tauen matschig und verlieren an Ge-schmack.

Ich mache es beim Einfrieren immer so, dass ich Gemüse, Fleisch etc. gleich portioniere – das bedeutet nach dem Auftauen einen Arbeitsschritt weniger. Außerdem verteile ich die Lebensmittel in rechteckige Gefrierbehälter, so passt mehr ins Gefrierfach. Achtung: Lass beim Einfrieren von Suppen oder Soßen ca. 2 cm Platz zum Rand, damit sich die Flüssigkeit problemlos ausdehnen kann. Fertige Mahlzeiten sollten zudem nur vollständig ausgekühlt ins Gefrierfach oder in den Kühlschrank wandern. Wenn es dann wiederum ans Auftauen geht, ist es wichtig, genug Zeit einzukalkulieren. Fleisch taust du z. B. am besten langsam über Nacht im Kühlschrank auf. Gib es dazu in ein Sieb und stell eine Schüssel darunter. Darin sammelt sich die Tauflüssigkeit und du kannst sie einfach wegschütten.

Bleibt die Frage aller Fragen: Wie lange halten denn eigentlich eingefrorene Lebensmittel? Dabei kannst du dich ungefähr an folgenden Zeiträumen orientieren:

 Brot und Gebäck:
4–6 Monate

 Fleisch:
je nach Sorte 1–12 Monate

 Gemüse:
je nach Sorte 3–18 Monate

 Obst:
je nach Sorte 3–24 Monate

 fertig gekochte Gerichte:
1–3 Monate

Wie sollte man Teig einfrieren und auftauen?

Pizza und Co. schmecken mit selbstgemachtem Teig einfach noch besser. Deswegen findet sich in meinem Gefrierfach so gut wie immer ein Teigvorrat – weil manchmal einfach die Zeit fehlt, den Teig frisch zuzubereiten. Das ist aber gar kein Problem, denn mit der richtigen Methodik macht es geschmacklich keinen Unterschied, ob ein Teig frisch oder aufgetaut ist. Hier das Wichtigste auf einen Blick:

Germ-/Hefeteig

Germ-/Hefeteig hält sich im Gefrierfach ca. 6 Monate (im Kühlschrank sind es maximal 24 Stunden). Du solltest ihn aber auf jeden Fall schon einfrieren, bevor er gerastet hat, sonst bekommt er nach dem Auftauen eine eher klebrige Konsistenz. Die Rastzeit erfolgt also idealerweise erst nach dem Auftauen. Zum Auftauen legst du den eingefrorenen Germ-/Hefeteig über Nacht in den Kühlschrank oder lässt ihn abgedeckt in einer Schüssel bei Zimmertemperatur auftauen. Gib am besten ein bisschen Mehl darauf, damit die Tauflüssigkeit gleich gebunden wird. Wenn du vorher schon weißt, dass du aus dem Teig Pizza o. Ä. machen möchtest, und genug Platz im Gefrierfach ist, kannst du ihn natürlich auch in ausgerollter Form einfrieren. Schlage den Teig dazu einfach in mehrere Lagen Backpapier ein.

Den aufgetauten Germ-/Hefeteig knetest du dann noch einmal kurz durch (sofern er nicht bereits ausgerollt ist) und lässt ihn eine Stunde an einem warmen Ort rasten. Ich mache es oft so, dass ich den Teig aus dem Gefrierfach hole und während der Rastzeit noch kurz einkaufen gehe, Salat aus dem Garten hole und zubereite oder die Fülle bzw. den Belag vorbereite. Und dann? Kann es auch schon losgehen mit Flammkuchen, Pizzataschen etc. Oder du verarbeitest den aufgetauten Teig erst am nächsten Tag und lagerst ihn bis dahin im Kühlschrank. Auch das ist kein Problem, falls sich in Sachen „Was essen wir heute?" mal eine spontane Planänderung ergibt.

TIPP.

Wenn es später besonders schnell gehen soll, kannst du z. B. eine ausgerollte Pizza auch schon mit Tomatensauce bestreichen bzw. vollständig belegen. Die belegte Pizza bäckst du dann kurz ein paar Minuten an und lässt sie vollständig auskühlen. Jetzt kannst du die Pizza in Stücke schneiden und diese in einem fest verschließbaren Behälter platzsparend ins Gefrierfach bzw. die Kühltruhe geben. Wenn du die Pizza dann backen möchtest, gibst du sie einfach direkt ohne Auftauen in den vorgeheizten Ofen – oder ergänzt den Belag vorher noch nach Belieben.

TIPP.

Das Grundrezept für Germ-/Hefeteig findest du auf Seite 19.

Mürbteig

Was wäre eine Schinken-Lauch- oder Spinat-Quiche (siehe Seite 41 bzw. 42) ohne Mürbteig? Nur halb so gut, keine Frage. Auch der Teig für Quiches und ähnliche Gerichte lässt sich ganz leicht einfrieren. Wenn ich den Teig frisch zubereite, mache ich deshalb oft die doppelte Menge und gebe einen Teil direkt ins Gefrierfach. Dort hält er sich ca. 2 Monate (im Kühlschrank 1–2 Tage). Das Auftauen erfolgt auch hier wieder am besten über Nacht im Kühlschrank. Da der Teig Eier enthält, ist es besonders wichtig, dass er langsam aufgetaut wird, denn bei zu warmen Temperaturen steigt das Risiko, dass sich Salmonellen bilden. (Wenn du aber Mürbteig mit einem Ei-Ersatz zubereitest, kannst du ihn natürlich einfach in der Mikrowelle auftauen.) Nach dem Auftauen kannst du den Teig wie gewohnt weiterverarbeiten.

TIPP.

Das Grundrezept für Mürbteig findest du auf Seite 20.

Strudelteig

Strudelteig kannst du ebenfalls ohne Probleme einfrieren (oder 1–2 Tage im Kühlschrank aufbewahren). Da er keine Germ/Hefe enthält, gibt es auch keine Rastzeiten zu beachten. Du kannst den Teig einfach gut verpackt ins Gefrierfach legen. Das Auftauen bei Zimmertemperatur dauert ca. 1 Stunde; alternativ lässt du den Teig über Nacht im Kühlschrank auftauen. Danach kann der nächste Apfelstrudel (Seite 55) oder Krautstrudel (Seite 26) auch schon kommen.

TIPP.

Das Grundrezept für Strudelteig findest du auf Seite 21.

VARIANTE 2: IM KÜHLSCHRANK AUFBEWAHREN

Natürlich soll der Kühlschrank in erster Linie eins tun: Lebensmittel kühlen. So weit, so klar. Tatsächlich spielt es aber auch eine Rolle, wo im Kühlschrank du Gemüse, Milchprodukte etc. lagerst. Denn nicht überall herrschen die gleichen Temperaturen. Ganz unten, in der Gemüseschublade, ist es beispielsweise wärmer als im Fach direkt darüber. Warum?

Weil kalte Luft nach unten absinkt. Da aber die Schublade und das unterste Fach von einer Glasplatte getrennt sind, ist die Schublade eben nicht die kälteste Zone im Kühlschrank.

Abgesehen davon sollten Lebensmittel im Kühlschrank richtig verpackt sein. Wenn z. B. Wurst oder Käse in einer eigenen Dose gelagert werden, nehmen andere Lebensmittel nicht deren Geruch an.

Die ideale Aufteilung vom obersten Fach nach unten wäre also:

nicht leicht verderbliche Produkte, z. B. schon fertig gekochtes Essen vom Vortag

Milchprodukte aller Art, z.B. Milch, Eier, (Frisch-)Käse, Topfen/Quark

leicht verderbliche Produkte, z. B. Fisch, Wurst, Fleisch

Obst und Gemüse

Butter o. Ä.

geöffnete Gläser (Marmeladen, Aufstriche, Senf ...)

Säfte, Wasserflaschen ...

TIPP.

Noch einmal zur Übersicht: Germ-/Hefeteig solltest du nach maximal 24 Stunden weiterverarbeiten. Mürb- und Strudelteig können 1–2 Tage gekühlt aufbewahrt werden.

TIPTOP TEIG: GRUNDREZEPTE

Es vergeht fast kein Tag, an dem ich nicht den einen oder anderen Teig rühre, knete oder in einer ganz neuen Variante ausprobiere. In vielen Fällen halte ich mich aber am liebsten an die Klassiker, die dir in den Rezepten in diesem Buch immer wieder begegnen werden. Damit du bei den betreffenden Rezepten perfekt vorbereitet starten kannst, findest du auf den nächsten Seiten erst einmal die Grundrezepte für Germ-/Hefeteig, Strudel- und Mürbteig. Wenn du schon ein echter Teig-Profi bist, kannst du aber natürlich direkt zu den Kochrezepten springen: Auf Seite 23 geht's los.

PIKANTER GERM-/ HEFETEIG

ZUTATEN
(Z. B. FÜR 1 GROSSE PIZZA ODER 2 KLEINE PIZZEN)

300 g lauwarmes Wasser
500 g Weizenmehl 700/550 (D)
5 g Germ/Hefe
10 g Salz
2 EL Olivenöl

ZUBEREITUNG

Das lauwarme Wasser in eine Schüssel geben. Das Mehl, die Germ/Hefe, das Salz und das Olivenöl dazugeben und ca. 5–10 Minuten zu einem glatten Teig verkneten.

Danach abdecken und ca. 20 Minuten bei Zimmertemperatur rasten lassen. Anschließend je nach Rezept weiterverarbeiten.

BACKZEIT UND -TEMPERATUR:
20 Minuten bei 210 °C Heißluft (sofern nicht anders angegeben)

TIPP.
Ich nehme zum Abdecken gerne ein Geschirrtuch.

SÜSSER GERM-/HEFETEIG

ZUTATEN
(Z. B. FÜR 1 AUFLAUFFORM BUCHTELN)

250 g lauwarme Milch
1 Ei
625 g Weizenmehl 700/550 (D)
42 g frische Germ/Hefe
100 g Zucker
7 g Salz
100 g zimmerwarme Butter

ZUBEREITUNG

Die lauwarme Milch mit dem Ei verrühren, dann das Mehl dazugeben und die Germ/Hefe darüberbröseln. Den Zucker, das Salz und die zimmerwarme Butter hinzufügen und alles zu einem glatten Teig kneten.

Danach abdecken und ca. 30 Minuten bei Zimmertemperatur rasten lassen. Anschließend je nach Rezept weiterverarbeiten.

BACKZEIT UND -TEMPERATUR:
30 Minuten bei 165 °C Heißluft (sofern nicht anders angegeben)

MÜRBTEIG FÜR PIKANTE GERICHTE

ZUTATEN
(Z. B. FÜR 1 QUICHEFORM)

250 g Weizenmehl 700/550 (D)
125 g Butter
1 Ei
5 g Salz

ZUBEREITUNG

Das Mehl in eine Schüssel geben, dann die in Stücke geschnittene Butter, das Ei und das Salz dazugeben. Alle Zutaten mit den Händen oder dem Knethaken der Küchenmaschine zu einem festen Mürbteig verarbeiten.

Den Teig etwa 1 Stunde im Kühlschrank rasten lassen und je nach Rezept weiterverarbeiten.

BACKZEIT UND -TEMPERATUR:
30 Minuten bei 180 °C Heißluft (sofern nicht anders angegeben)

TIPP.
Wenn du den Teig mit den Händen knetest, arbeite möglichst rasch, damit die Butter nicht zu warm und der Teig dadurch krümelig wird.

STRUDELTEIG

ZUTATEN (FÜR 2 STRUDEL)

250 g Weizenmehl 700/550 (D)
1 EL Öl
5 g Salz
125 g Wasser
etwas Öl zum Übergießen

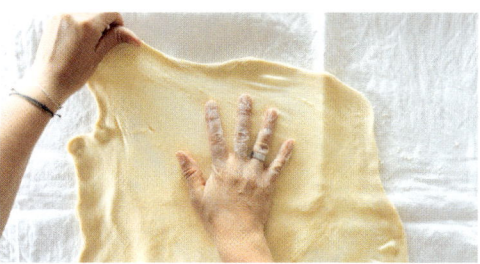

ZUBEREITUNG

Alle Zutaten mit den Händen oder dem Knethaken der Küchenmaschine zu einem glatten Teig verkneten.

Den Teig mit einem guten Schuss Öl übergießen, abdecken und ca. 30 Minuten bei Zimmertemperatur rasten lassen. Danach auf einem sauberen Strudel- oder Geschirrtuch dünn rechteckig ausziehen. Anschließend je nach Rezept weiterverarbeiten.

Den Link zum genauen Anleitungsvideo findest du auf Seite 26.

BACKZEIT UND -TEMPERATUR:
30 Minuten bei 180 °C Heißluft
(sofern nicht anders angegeben)

JETZT ABER FIX: WENN ES SCHNELL GEHEN MUSS

—

Weil der nächste Termin ansteht, weil du schon richtig hungrig bist, weil dir gerade heute irgendwie die Motivation fehlt, weil draußen so schön die Sonne scheint und du nicht zu viel Zeit in der Küche verbringen willst – es gibt hundert gute Gründe, warum es an manchen Tagen beim Kochen möglichst schnell gehen soll. Ich selbst kenne die Situation nur allzu gut: Bald kommen die Kinder heim und haben Hunger, ich muss aber später noch weiter in die Backwelt … stundenlang in der Küche stehen? Das ist dann einfach nicht drin. Genau für solche Fälle habe ich ein paar Ofengerichte in der Hinterhand, auf die ich immer wieder gerne zurückgreife. Einerseits deshalb, weil ich bei vielen Rezepten die Basiszutat wie z. B. Flammkuchenteig (Seite 30) schon vorher auf Vorrat zubereiten und einfrieren kann (mehr Tipps dazu findest du auf Seite 16), sodass ich mich an einem besonders vollgepackten Tag nur mehr um den Belag kümmern muss. Und andererseits, weil ich mich nach der Vorbereitungszeit um gar nichts mehr kümmern muss, denn der Backofen erledigt im Alleingang den Rest. Aber jetzt genug geredet – wir haben es schließlich gerade ein bisschen eilig.

PIKANT GEFÜLLTE PALATSCHINKEN

ZUBEREITUNGSZEIT:
30 Minuten (ohne Rastzeit)

BACKZEIT:
15 Minuten

BACKTEMPERATUR:
190 °C Heißluft

ZUTATEN
FÜR 4 PERSONEN
(FÜR 1 AUFLAUFFORM,
30 X 20 CM)

Teig
450 g Milch
4 Eier
1 Prise Salz
260 g Weizenmehl 700/550 (D)

zum Backen
2 EL Butterschmalz/Öl

Fülle
12–15 Cocktailtomaten
8 Blatt Schinken
8 Blatt Käse
geriebener Bergkäse nach
Belieben

zum Bestreuen
geriebener Bergkäse nach
Belieben

etwas Butter/Öl für die Form

ZUBEREITUNG

Für die Palatschinken/Pfannkuchen die Milch, die Eier, das Salz und das Mehl gut miteinander vermischen und den Teig 10 Minuten quellen lassen.

Dann in einer Pfanne das Butterschmalz oder Öl erhitzen. Mit einem Schöpflöffel so viel Teig in die Mitte eingießen und durch Schwenken der Pfanne gleichmäßig verteilen, dass der Pfannenboden dünn bedeckt ist. Palatschinke/Pfannkuchen nun auf einer Seite goldbraun werden lassen und wenden, die zweite Seite ebenso goldbraun ausbacken. Den gesamten Teig verarbeiten.

Die Cocktailtomaten halbieren. Nun je 2 Blatt Schinken auf die Palatschinke/den Pfannkuchen mittig auflegen, 2 Blatt Käse darüberlegen und die geschnittenen Tomaten darauf verteilen. Gerne noch nach Belieben geriebenen Bergkäse darüberstreuen.

Palatschinken/Pfannkuchen einrollen, in die eingefettete Form legen und nochmals mit etwas Käse bestreuen.

Nun im vorgeheizten Backofen bei 190 °C Heißluft etwa 15 Minuten backen.

KRAUTSTRUDEL

ZUBEREITUNGSZEIT:
80 Minuten (ohne Rastzeit)

RASTZEIT:
45 Minuten

BACKZEIT:
30 Minuten

BACKTEMPERATUR:
170 °C Heißluft

___

ZUTATEN
FÜR 4 PERSONEN
(FÜR 1 GROSSEN ODER
2 KLEINE STRUDEL)

Fülle
1 große Zwiebel
200 g Speck
800 g Kraut
2 EL Butterschmalz
250 g Gemüsebrühe
Salz, Pfeffer, Kümmel

Strudelteig
250 g Weizenmehl 700/550 (D)
1 EL Öl
5 g Salz
125 g Wasser

zum Bestreichen
geschmolzene Butter

ZUBEREITUNG

Für die Fülle die Zwiebel schälen und genau wie den Speck in kleine Würfel schneiden. Das Kraut in feine Streifen schneiden. Die Zwiebelstücke im Butterschmalz anrösten, anschließend die Speckwürfel hinzugeben und kurz mitbraten.

Mit der Gemüsebrühe ablöschen und das Kraut hinzufügen.

Mit Salz, Pfeffer und Kümmel würzen und ca. 30 Minuten nicht zugedeckt dünsten. Danach die überschüssige Flüssigkeit abgießen und auskühlen lassen.

Für den Strudelteig aus den Zutaten einen glatten Teig zubereiten (siehe Seite 21). Den Teig mit einem guten Schuss Öl übergießen, abdecken und ca. 45 Minuten bei Zimmertemperatur rasten lassen.

Den Strudelteig ausziehen und die Kraut-Speck-Masse auf dem unteren Drittel der Längsseite verteilen. Nun die Breitseiten etwas einschlagen, mit Hilfe eines Geschirrtuchs aufrollen und mit der Butter bestreichen.

Im vorgeheizten Backofen bei 170 °C Heißluft etwa 30 Minuten backen.

TIPP.
Auf Seite 21 findest du Schritt für Schritt erklärt, wie man Strudelteig macht. Und hier kommst du direkt zum Anleitungsvideo: https://youtu.be/NUD79L7ZQW0.

___

Wenn es mal besonders schnell gehen soll, kannst du natürlich auch fertigen Strudelteig verwenden.

GEFÜLLTE PAPRIKA

ZUBEREITUNGSZEIT:
25 Minuten

BACKZEIT:
25 Minuten

BACKTEMPERATUR:
180 °C Heißluft

ZUTATEN
FÜR 4 PERSONEN
(FÜR 1 BELIEBIGE AUFLAUF-
FORM)

Tomatensauce
1 Zwiebel
1 Knoblauchzehe
1 EL Öl
800 g stückige Tomaten
2 EL Tomatenmark
Salz, Pfeffer, Basilikum
1 EL Zucker

4 Paprika

Fülle
200 g Reis
1 Zwiebel
1 Knoblauchzehe
2 EL Öl
1 EL Petersilie
Salz, Pfeffer, Majoran
500 g Faschiertes/Hackfleisch

ZUBEREITUNG

Für die Tomatensauce die Zwiebel und die Knoblauchzehe schälen, kleinwürfelig schneiden und in dem heißen Öl anbraten. Nun mit der stückigen Tomatensauce aufgießen, mit dem Tomatenmark, den Gewürzen und dem Zucker abschmecken und 5–10 Minuten köcheln lassen.

Die Paprika waschen, rund um den Stiel abschneiden, diesen beiseitelegen und die Paprika entkernen.

Für die Fülle den Reis laut Packungsanweisung bzw. Grundrezept (Seite 101) kochen. Währenddessen die Zwiebel und die Knoblauchzehe schälen und fein schneiden, dann die geschnittene Zwiebel in dem Öl anrösten und auskühlen lassen.

Die ausgekühlte Zwiebel mit der Knoblauchzehe, der Petersilie, den Gewürzen, dem Reis und dem Faschierten/Hackfleisch vermischen.

Die fertige Fülle in die Paprika hineingeben und den Stiel wieder daraufsetzen. Die Sauce in eine Auflaufform geben und die Paprika hineinsetzen.

Im vorgeheizten Backofen bei 180 °C Heißluft etwa 25 Minuten lang garen.

FLAMMKUCHEN MIT ZWIEBELN UND SPECK

ZUBEREITUNGSZEIT:
20 Minuten (ohne Rastzeit)

RASTZEIT:
30 Minuten

BACKZEIT:
15 Minuten

BACKTEMPERATUR:
200 °C Heißluft

ZUTATEN
FÜR 4 PERSONEN
(FÜR 2 FLAMMKUCHEN)

Teig
125 g Wasser
250 g Weizenmehl 700/550 (D)
15 g Öl
5 g Salz

Belag
2 kleine rote Zwiebeln
120 g Crème fraîche
250 g Speckwürfel
Salz

ZUBEREITUNG

Aus den angegebenen Zutaten einen glatten Teig zubereiten und ca. 30 Minuten zugedeckt rasten lassen.

Nun den Teig in 2 Teile teilen und rund ausrollen. Die ausgerollten Teigstücke auf zwei mit Backpapier belegte Backbleche legen.

Die Zwiebeln schälen und in Ringe schneiden. Die Crème fraîche auf den Teig streichen, mit den Zwiebelringen und den Speckwürfeln bestreuen.

Mit Salz würzen und im vorgeheizten Backofen bei 200 °C Heißluft etwa 15 Minuten backen.

VEGETARISCHER FLAMMKUCHEN

ZUBEREITUNGSZEIT:
20 Minuten (ohne Rastzeit)

RASTZEIT:
30 Minuten

BACKZEIT:
15 Minuten

BACKTEMPERATUR:
200 °C Heißluft

ZUTATEN
FÜR 4 PERSONEN
(FÜR 2 FLAMMKUCHEN)

Teig
125 g Wasser
250 g Weizenmehl 700/550 (D)
15 g Öl
5 g Salz

Belag
125 g Mozzarellakugeln
10 Cocktailtomaten

zum Bestreuen
Rucola nach Belieben

ZUBEREITUNG

Aus den angegebenen Zutaten einen glatten Teig zubereiten und ca. 30 Minuten zugedeckt rasten lassen.

Nun den Teig in 2 Teile teilen und rund ausrollen. Die ausgerollten Teigstücke auf mit Backpapier belegte Backbleche legen.

Die Mozzarellakugeln und die Cocktailtomaten halbieren (oder je nach Größe vierteln) und auf dem Teig verteilen.

Im vorgeheizten Backofen bei 200 °C Heißluft etwa 15 Minuten backen. Vor dem Servieren mit Rucola bestreuen.

TIPP.

Dieses Grundrezept lässt sich natürlich in alle erdenklichen Richtungen variieren. Wie wäre es z. B. mit fein geschnittenen Kürbisspalten, etwas zerbröseltem Ziegenkäse und am Schluss noch ein bisschen Honig darüber? Oder du belegst den Grundteig mit dünnen Apfelspalten und streust gehackte Walnüsse und Zimt darüber – fertig ist die süße Variante. Meine Kinder lieben Flammkuchen mit etwas Nougatcreme bestrichen und Bananenstücken belegt.

PIZZA

ZUBEREITUNGSZEIT:
25 Minuten (ohne Rastzeit)

RASTZEIT:
35–40 Minuten (gesamt)

BACKZEIT:
10–12 Minuten

BACKTEMPERATUR:
250 °C Heißluft

ZUTATEN
FÜR 4 PERSONEN
(FÜR 1 GROSSE ODER
2 KLEINE PIZZEN)

Teig
300 g lauwarmes Wasser
500 g Weizenmehl 700/550 (D)
5 g frische Germ/Hefe
10 g Salz
2 EL Olivenöl

Tomatensauce
1 Zwiebel
1 Knoblauchzehe
2 EL Öl
300 g fein passierte Tomaten
1 EL Tomatenmark
Salz, Pfeffer, Zucker, Pizzagewürz

Belag nach Belieben, z. B.:
Salami, Zwiebeln, Mais,
Pfefferoni, Schinken,
Champignons, geriebener
Käse oder Mozzarella,
Cocktailtomaten, Rucola
(erst nach dem Backen aufstreuen)

ZUBEREITUNG

Aus den angegebenen Zutaten einen Germ-/Hefeteig zubereiten (siehe Seite 19) und diesen ca. 30 Minuten zugedeckt rasten lassen.

Währenddessen für die Tomatensauce die Zwiebel und die Knoblauchzehe schälen, fein schneiden und in dem Öl anrösten. Mit den passierten Tomaten aufgießen, das Tomatenmark dazugeben und mit Salz, Pfeffer, Zucker und Pizzagewürz abschmecken. Die Sauce köcheln lassen, bis sie etwas eingedickt ist.

Den Teig zu einer Kugel formen, diese nochmals 5–10 Minuten rasten lassen und in der Größe des Backblechs ausrollen bzw. auf dem Blech ausziehen, mit der Tomatensauce bestreichen und nach Wunsch belegen.

Die Pizza im vorgeheizten Backofen bei 250 °C Heißluft etwa 10–12 Minuten backen.

TIPP.
Du kannst die Pizza auch schon fertig belegt einfrieren. So musst du sie nur noch aus dem Gefrierfach nehmen und in den Ofen schieben. Alternativ lässt sich der Teig als Kugel oder bereits ausgerollt einfrieren. (Mehr Tipps dazu findest du auf Seite 16.)

PIZZA BIANCA

ZUBEREITUNGSZEIT:
20 Minuten (ohne Rastzeit)

RASTZEIT:
35–40 Minuten (gesamt)

BACKZEIT:
10–12 Minuten

BACKTEMPERATUR:
250 °C Heißluft

_____

ZUTATEN
FÜR 4 PERSONEN
(FÜR 1 GROSSE ODER
2 KLEINE PIZZEN

Teig
300 g lauwarmes Wasser
500 g Weizenmehl 700/550 (D)
5 g frische Germ/Hefe
10 g Salz
2 EL Olivenöl

Sauerrahm/Saure Sahne

Belag nach Belieben, z. B.:
Paprika
Schinken
Salami
geriebener Käse
Mozzarella
Paprikagewürz

zum Garnieren
Basilikumblätter

ZUBEREITUNG

Aus den angegebenen Zutaten einen Germ-/Hefeteig zubereiten (siehe Seite 19) und diesen ca. 30 Minuten zugedeckt rasten lassen.

Den Teig zu einer Kugel formen, diese nochmals 5–10 Minuten rasten lassen und in der Größe des Backblechs ausrollen bzw. auf dem Blech ausziehen.

Den Teig mit Sauerrahm/Saurer Sahne bestreichen. Für den Belag die Paprika in beliebig große Stücke schneiden und diese mit dem Schinken, der Salami und dem geriebenen Käse auf dem Teig verteilen. Mit dem Paprikagewürz abschmecken.

Die Pizza im vorgeheizten Backofen bei 250 °C Heißluft etwa 10–12 Minuten backen. Vor dem Servieren mit Basilikumblättern garnieren.

PIZZA CALZONE

ZUBEREITUNGSZEIT:
25 Minuten (ohne Rastzeit)

RASTZEIT:
30 Minuten

BACKZEIT:
10–12 Minuten

BACKTEMPERATUR:
250 °C Heißluft

ZUTATEN
FÜR 4 PERSONEN
(FÜR 4 KLEINERE PIZZEN)

Teig
300 g lauwarmes Wasser
500 g Weizenmehl 700/550 (D)
5 g frische Germ/Hefe
10 g Salz
2 EL Olivenöl

Fülle und Sauce
1 Zwiebel
1 Knoblauchzehe
2 EL Öl
300 g fein passierte Tomaten
1 EL Tomatenmark
Salz, Pfeffer, Zucker
60 g Champignons
150 g Schinken
60 g Mais
200 g geriebener Käse

ZUBEREITUNG

Aus den angegebenen Zutaten einen Germ-/Hefeteig zubereiten (siehe Seite 19) und diesen ca. 30 Minuten zugedeckt rasten lassen.

Währenddessen für die Fülle die Zwiebel und die Knoblauchzehe schälen, fein schneiden und in dem Öl anrösten. Mit den passierten Tomaten aufgießen, das Tomatenmark dazugeben und mit Salz, Pfeffer und Zucker abschmecken. Die Sauce köcheln lassen, bis sie etwas eingedickt ist.

Den Germ-/Hefeteig in 4 Stücke aufteilen und diese auf einer bemehlten Arbeitsfläche rund ausrollen.

Die Champignons waschen und genau wie den Schinken in dünne Scheiben schneiden.

Jeweils auf einer Teighälfte die Tomatensauce verstreichen, dafür etwa die Hälfte der Sauce verwenden. Dann den Mais, die Champignons, die Schinkenstreifen und die Hälfte des geriebenen Käses darauf verstreuen. Die Calzone zuklappen und an den Rändern gut festdrücken.

Die Pizzen mit der restlichen Tomatensauce bestreichen und abschließend den restlichen Käse darüberstreuen.

Im vorgeheizten Backofen bei 250 °C Heißluft etwa 10 Minuten backen.

TIPP.

Wenn Tomatensauce übrig bleibt, kannst du sie für einige Tage im Kühlschrank aufbewahren oder für später einfrieren. Ich mache meistens gleich ein bisschen mehr Sauce, weil ich sie für viele Gerichte, z. B. Pizza (Seite 34) verwende.

Du kannst die Pizza Calzone auch vegetarisch füllen und statt dem Schinken, z. B. Paprika, Oliven oder Grillgemüse verwenden.

SCHINKEN-LAUCH-QUICHE

ZUBEREITUNGSZEIT:
20 Minuten

RASTZEIT:
1 Stunde

BACKZEIT:
30 Minuten

BACKTEMPERATUR:
180 °C Heißluft

ZUTATEN
FÜR 4 PERSONEN
(FÜR 1 TARTE-/
QUICHEFORM,
DURCHMESSER 30 CM)

Teig
250 g Weizenmehl 700/550 (D)
125 g Butter
1 Ei
5 g Salz

Belag
2 kleine Zwiebeln
1 Stange Lauch
130 g Schinken
20 g Butter
250 g Schlagsahne
4 Eier
Salz, Pfeffer
100 g geriebener Käse

ZUBEREITUNG

Aus den angegebenen Zutaten einen Mürbteig zubereiten (siehe Seite 20) und etwa 1 Stunde zugedeckt rasten lassen.

Für den Belag die Zwiebeln schälen und kleinwürfelig schneiden. Den Lauch ringförmig und den Schinken in Streifen schneiden. Die Zwiebeln in der heißen, geschmolzenen Butter dünsten. Die Schlagsahne mit den Eiern verrühren, mit Salz und Pfeffer würzen.

Den Teig auf einer bemehlten Arbeitsfläche ausrollen, in die Tarte-/Quicheform legen, an den Rändern hochziehen und gleichmäßig in der Form festdrücken.

Nun die gedünsteten Zwiebeln, den Lauch und den Schinken in die Schlagsahne-Ei-Mischung geben und in die Tarte-/Quicheform füllen.

Den geriebenen Käse darüberstreuen und im vorgeheizten Backofen bei 180 °C Heißluft etwa 30 Minuten überbacken.

TIPP.

Quiche kann auch super vorgekocht und am nächsten Tag kalt mit einem selbstgemachten Dip gegessen werden. Hierzu einfach einen kleinen Becher Sauerrahm/ Saure Sahne mit Salz, Pfeffer, Knoblauch und frischen Kräutern vermischen – mir schmeckt er am besten mit Schnittlauch.

SPINAT-QUICHE

ZUBEREITUNGSZEIT:
30 Minuten (ohne Rastzeit)

RASTZEIT:
1 Stunde

BACKZEIT:
30 Minuten

BACKTEMPERATUR:
180 °C Heißluft

___

ZUTATEN
FÜR 4 PERSONEN
(FÜR 1 TARTE-/
QUICHEFORM,
DURCHMESSER 30 CM)

Teig
250 g Weizenmehl 700/550 (D)
125 g Butter
1 Ei
5 g Salz

Belag
2 kleine Zwiebeln
20 g Butter
1 Knoblauchzehe
400 g Tiefkühlspinat
12 Cocktailtomaten

Guss
200 g Schlagsahne
3 Eier
100 g geriebener Käse
Salz, Pfeffer und Gewürze
nach Belieben

zum Dekorieren
halbierte Cocktailtomaten
nach Belieben

ZUBEREITUNG

Aus den angegebenen Zutaten einen Mürbteig zubereiten (siehe Seite 20) und ca. 1 Stunde zugedeckt rasten lassen.

Die Zwiebeln schälen, kleinwürfelig schneiden und in der heißen, geschmolzenen Butter rösten. Die Knoblauchzehe schälen und kleinwürfelig schneiden. Nun gemeinsam mit dem Tiefkühlspinat hinzufügen und dünsten, bis der Spinat aufgetaut ist. Die Cocktailtomaten halbieren.

Den Belag abkühlen lassen und währenddessen denTeig auf einer bemehlten Arbeitsfläche ausrollen, in die Tarte-/Quicheform legen, an den Rändern hochziehen und gleichmäßig in der Form festdrücken.

Die Spinatmasse in der Form verteilen.

Für den Guss die Schlagsahne mit den Eiern verrühren, den Käse dazugeben, mit Salz und Pfeffer würzen und in die Form gießen. Nach Wunsch mit halbierten Cocktailtomaten dekorieren.

Im vorgeheizten Backofen bei 180 °C Heißluft etwa 30 Minuten überbacken.

ÜBERBACKENES BAGUETTE

ZUBEREITUNGSZEIT:
30 Minuten (gesamt)

RASTZEIT:
30 Minuten (gesamt)

BACKZEIT:
20 Minuten (Baguette) +
10 Minuten

BACKTEMPERATUR:
210 und 200 °C Heißluft
(bei den Baguettes mit
Dampffunktion oder
alternativ ein feuerfestes
Gefäß Wasser dazustellen)

ZUTATEN
FÜR 4 PERSONEN

*Teig für 3 größere oder
4 kleinere Baguettes*
300 g lauwarme Milch
300 g lauwarmes Wasser
1 kg Weizenmehl 700/550 (D)
20 g Salz
20 g frische Germ/Hefe
20 g zimmerwarme Butter

Belag nach Belieben, z. B.:
Tomatensauce
Frischkäse
Gemüse (Champignons,
Paprika, Zucchini)
Tomaten
Schinken
Mozzarella
Käsereste
Salz, Pfeffer, Pizzagewürz,
frische Kräuter

ZUBEREITUNG

Für den Germ-/Hefeteig zuerst die Milch und das Wasser in eine Rührschüssel geben. Anschließend das Mehl, das Salz, die Germ/Hefe und am Schluss die zimmerwarme Butter dazugeben. 5–10 Minuten lang zu einem glatten Teig kneten und diesen ca. 20 Minuten zugedeckt rasten lassen.

Den Teig in 3 bzw. 4 Teile teilen, diese zu Baguettes formen und auf einem Baguetteblech oder Backblech nochmals ca. 10 Minuten rasten lassen.

Danach die Brote je nach Wunsch schräg einschneiden und mit Wasser besprühen.

Im vorgeheizten Ofen bei 210 °C Heißluft etwa 20 Minuten backen.

Die ausgekühlten Baguettes auseinanderschneiden, mit der Tomatensauce oder dem Frischkäse bestreichen, nach Wunsch belegen, würzen und mit Käse bestreuen. Im Ofen nochmals bei 200 °C etwa 10 Minuten überbacken, bis der Käse geschmolzen ist.

TIPP.
Hier kommst du zur Videoanleitung für die Baguettes.

Dieses Gericht eignet sich auch wunderbar, um Brot vom Vortag weiterzuverarbeiten, wenn dir z. B. vom Grillabend noch Baguette übrig geblieben ist.

PIDE

ZUBEREITUNGSZEIT:
40 Minuten (ohne Rastzeit)

RASTZEIT:
40 Minuten (gesamt)

BACKZEIT:
15–20 Minuten

BACKTEMPERATUR:
210 °C Heißluft

___

ZUTATEN
FÜR 4 PERSONEN

Teig
300 g lauwarmes Wasser
500 g Weizenmehl 700/550 (D)
5 g frische Germ/Hefe
10 g Salz
2 EL Olivenöl

Fülle
2 Zwiebeln
2 Knoblauchzehen
1 rote Paprika
2 kleine Tomaten
250 g Faschiertes/Hackfleisch
2 EL Tomatenmark
Salz, Pfeffer
5 g Paprikapulver
10 g Olivenöl
Petersilie nach Belieben

ZUBEREITUNG

Aus den angegebenen Zutaten einen Germ-/Hefeteig zubereiten (siehe Seite 19) und diesen ca. 30 Minuten zugedeckt rasten lassen.

Nach dem Rasten den Teig in 4 Stücke teilen abstechen und zu Kugeln schleifen. Diese nochmals 10 Minuten rasten lassen.

Für die Fülle die Zwiebeln und die Knoblauchzehen schälen und grob schneiden. Die Paprika und Tomaten waschen und würfelig schneiden. Nun mit allen restlichen Zutaten im Mixer zerkleinern und vermischen.

Die Kugeln oval ausrollen und auf ein mit Backpapier belegtes Backblech legen. Die Fülle nun auf dem Teig verstreichen, sodass am Rand etwa 1 cm frei bleibt. Den Rand hochklappen und festdrücken.

Die Pide im vorgeheizten Backofen bei 210 °C Heißluft etwa 15–20 Minuten backen.

TIPP.
Als vegetarische Variante kannst du die Pide statt mit Faschiertem/Hackfleisch mit 200 g Blattspinat und 150 g Feta füllen.

SPARGEL IM SCHINKENMANTEL

ZUBEREITUNGSZEIT:
10 Minuten

BACKZEIT:
15 Minuten

BACKTEMPERATUR:
180 °C Heißluft

ZUTATEN
FÜR 4 PERSONEN
(FÜR 1 BELIEBIGE AUFLAUF-
FORM)

20 Spargelstangen
8 Blätter Schinken

zum Einstreichen und
Bestreuen
etwas flüssige Butter
Parmesan nach Belieben
Thymian
frische Kräuter

ZUBEREITUNG

Die Spargelstangen waschen, dann
jeweils 5 Spargelstangen mit 2 Blättern
Schinken umwickeln und in die Auflaufform legen.

Den Spargel mit Butter einstreichen,
anschließend Parmesan und Thymian
darüberstreuen.

Im vorgeheizten Backofen bei 180 °C
Heißluft etwa 15 Minuten backen.

TIPP.
Zum Spargel passt Polenta (Seite 103) oder
eine Beilage aus Kartoffeln (Seite 105).

SO SWEET: WENN DU LUST AUF SÜSSES HAST

—

Theoretisch wartet im Kühlschrank das Gemüse auf seinen
großen Einsatz, aber praktisch sagt dir dein Bauch gerade:
„Bitte einmal warm und süß!"? Bei uns in der Familie kommt
das gar nicht so selten vor. Und weil das Bauchgefühl be-
kanntlich immer recht hat, teile ich in diesem Kapitel meine liebsten Rezepte für süße Hauptgerichte mit dir. Jetzt
musst du dich nur noch entscheiden: Dampfnudeln (Seite
63)? Reisauflauf mit Pfirsichen (Seite 56)? Oder doch lieber
Topfenstrudel-Lasagne (Seite 67)? Natürlich kannst du alle
Rezepte auch in kleineren Mengen zubereiten – ein Dessert
geht schließlich immer …

TOPFENPALATSCHINKEN

ZUBEREITUNGSZEIT:
30 Minuten (ohne Rastzeit)

BACKZEIT:
25 Minuten

BACKTEMPERATUR:
170 °C Heißluft

___

ZUTATEN
FÜR 4 PERSONEN
(FÜR 1 AUFLAUFFORM,
30 X 20 CM)

Teig
450 g Milch
4 Eier
1 Prise Salz
260 g Weizenmehl 700/550 (D)

zum Backen
2 EL Butterschmalz/Öl

Fülle
2 Eier
250 g Topfen/Quark
40 g Zucker
16 g Vanillezucker
Rosinen nach Wunsch
Saft von ½ Zitrone

Guss
1 Ei
100 g Milch
10 g Vanillezucker

ZUBEREITUNG

Für die Palatschinken/Pfannkuchen die Milch, die Eier, das Salz und das Mehl gut miteinander vermischen und den Teig 10 Minuten quellen lassen.

Dann in einer Pfanne das Butterschmalz oder Öl erhitzen. Mit einem Schöpflöffel so viel Teig in die Mitte eingießen und durch Schwenken der Pfanne gleichmäßig verteilen, dass der Pfannenboden dünn bedeckt ist. Palatschinke/Pfannkuchen nun auf einer Seite goldbraun werden lassen und wenden, die zweite Seite ebenso goldbraun ausbacken. Den gesamten Teig verarbeiten.

Für die Fülle zuerst die Eier trennen und aus dem Eiweiß einen steifen Schnee schlagen. Die Eigelb, den Topfen/Quark, den Zucker, den Vanillezucker, die Rosinen und den Zitronensaft miteinander verrühren und am Schluss den Eischnee unterheben.

2 Palatschinken/Pfannkuchen halb überlappend auflegen und mit der Fülle bestreichen. Danach einrollen, in 3 Teile schneiden und nacheinander in die Auflaufform schlichten. Mit den restlichen Palatschinken/Pfannkuchen ebenso verfahren.

Für den Guss das Ei, die Milch und den Vanillezucker verquirlen und die Mischung über die Palatschinken/Pfannkuchen gießen.

Bei 170 °C Heißluft im vorgeheizten Backofen etwa 25 Minuten backen.

APFELSTRUDEL

ZUBEREITUNGSZEIT:
50 Minuten (ohne Rastzeit)

RASTZEIT:
30 Minuten

BACKZEIT:
30 Minuten

BACKTEMPERATUR:
180 °C Heißluft

ZUTATEN
FÜR 4 PERSONEN
(FÜR 1 GROSSEN ODER
2 KLEINE STRUDEL)

Strudelteig
250 g Weizenmehl 700/550 (D)
1 EL Öl
5 g Salz
125 g Wasser
etwas Öl zum Übergießen

Fülle
1,75 kg Äpfel
Saft von 1 Zitrone
60 g Butter
70 g Semmelbrösel
50 g Zucker
50 g gehackte Hasel- oder
Walnüsse
Zimt und Rosinen nach
Belieben

zum Bestreichen
geschmolzene Butter

ZUBEREITUNG

Für den Strudelteig aus den Zutaten einen glatten Teig zubereiten (siehe Seite 21). Danach mit einem guten Schuss Öl übergießen, abdecken und ca. 30 Minuten bei Zimmertemperatur rasten lassen.

In der Zwischenzeit die Fülle vorbereiten: Die Äpfel schälen, fein hobeln und mit der Hälfte des Zitronensafts übergießen. Die Butter in einer Pfanne schmelzen, die Semmelbrösel dazugeben und etwas anrösten. Nun den Zucker, die Äpfel, die Nüsse, die Buttersemmelbrösel und den restlichen Zitronensaft miteinander vermischen. Nach Belieben Zimt und Rosinen hinzugeben.

Den Strudelteig ausziehen, die Fülle darauf verteilen und den Strudel mit Hilfe eines Geschirrtuchs einrollen.

Zum Schluss mit geschmolzener Butter einpinseln und im vorgeheizten Backofen bei 180 °C Heißluft ca. 30 Minuten backen.

TIPP.
Hier kommst du direkt zum Anleitungsvideo für Strudelteig: https://youtu.be/NUD79L7ZQW0. Oder blättere vor zur Anleitung mit Bildern auf Seite 21.

Zum Apfelstrudel passt hervorragend warme Vanillesauce.

REISAUFLAUF MIT PFIRSICHEN

ZUBEREITUNGSZEIT:
30 Minuten

BACKZEIT:
30 Minuten

BACKTEMPERATUR:
170 °C Heißluft

___

ZUTATEN
FÜR 4 PERSONEN
(FÜR 1 RUNDE ODER
ECKIGE AUFLAUFFORM,
DURCHMESSER 25 CM
ODER 30 X 20 CM)

Teig
500 g Milch
5 g Salz
120 g Rundkornreis
2 Eier
40 g Butter
60 g Zucker

etwas Butter und Semmel-
brösel für die Form

240 g Pfirsichscheiben
aus der Dose

ZUBEREITUNG

Die Milch mit dem Salz aufkochen, den Reis einrühren und kochen lassen, dabei immer wieder umrühren, bis er den Großteil der Milch aufgesogen hat, und danach kühl stellen.

Die Eier trennen und aus dem Eiweiß einen steifen Schnee schlagen. Die Butter, den Zucker und die Eigelb gut vermischen, dann den ausgekühlten Milchreis unterrühren. Am Schluss noch den Eischnee vorsichtig unterheben.

Die Auflaufform mit der Butter einfetten und mit Semmelbröseln bestreuen. Die Pfirsichscheiben abtropfen lassen. Die Hälfte der Reismasse in die Form füllen, die Pfirsichscheiben darauflegen und die restliche Masse darüber verteilen.

Den Auflauf im vorgeheizten Backofen bei 170 °C Heißluft ca. 30 Minuten backen.

TIPP.
Die Pfirsiche kannst du ganz nach deinem Geschmack durch ein anderes Obst ersetzen oder natürlich auch frische Pfirsiche verwenden.

OFEN-FINGERNUDELN

ZUBEREITUNGSZEIT:
30 Minuten

BACKZEIT:
40 Minuten

BACKTEMPERATUR:
180 °C Heißluft

ZUTATEN
FÜR 4 PERSONEN
(FÜR 1 AUFLAUFFORM,
30 X 20 CM)

Teig
500 g mehligkochende
Kartoffeln
150 g Weizenmehl 700/550 (D)
20 g weiche Butter
1 Ei
5 g Salz

20 g Butter für die Form

250 g Schlagsahne
Zimt, Zucker

Marillenröster als Beilage
500 g Marillen
100 g Wasser
150 g Gelierzucker 1:1
1 Schuss Rum (optional)

ZUBEREITUNG

Die Kartoffeln mit der Schale kochen, anschließend schälen und noch heiß passieren. Mit den restlichen Zutaten zu einem Teig verkneten.

TIPP.
Achtung, nicht zu lange kneten, sonst wird der Teig zäh.

Aus dem Kartoffelteig eine Rolle formen, diese in ca. 1 cm breite Stücke teilen und die Nudeln daraus formen.

Die Nudeln nun in eine eingefettete Auflaufform legen und im vorgeheizten Backofen bei 180 °C Heißluft insgesamt 40 Minuten backen: Nach 20 Minuten die Schlagsahne darübergießen, mit Zimt und Zucker bestreuen und weitere 20 Minuten überbacken.

Für die Beilage die Marillen waschen, halbieren und entkernen und mit dem Wasser aufkochen. Den Gelierzucker und optional den Rum hinzufügen und ca. 10 Minuten köcheln lassen.

GEBACKENE MARILLENKNÖDEL

ZUBEREITUNGSZEIT:
30 Minuten

BACKZEIT:
50 Minuten

BACKTEMPERATUR:
180 °C Heißluft

___

ZUTATEN
FÜR 4 PERSONEN
(FÜR 1 RUNDE AUFLAUF-
FORM, DURCHMESSER
25 CM)

Teig
500 g mehligkochende
Kartoffeln
150 g Weizenmehl 700/550 (D)
20 g weiche Butter
1 Ei
1 Prise Salz
8 Marillen

20 g Butter für die Form

Guss
250 g Milch
250 g Schlagsahne
100 g Zucker

ZUBEREITUNG

Die Kartoffeln mit der Schale kochen, anschließend schälen, noch heiß passieren und auskühlen lassen. Mit den restlichen Zutaten zu einem Teig verkneten.

TIPP.
Achtung, nicht zu lange kneten, sonst wird der Teig zäh.

Nun den Teig in 8 gleich große Stücke schneiden und diese rund ausrollen.

Je eine Marille in die Mitte der Teigstücke legen und zu Knödeln formen.

Die fertig geformten Knödel in einer eingefetteten Auflaufform im vorgeheizten Backofen bei 180 °C Heißluft etwa 50 Minuten backen.

Für den Guss die Zutaten miteinander vermischen und kurz aufkochen lassen. Nach der Hälfte der Backzeit den Guss über die Knödel gießen und fertig überbacken.

DAMPFNUDELN

ZUBEREITUNGSZEIT:
20 Minuten (ohne Rastzeit)

RASTZEIT:
30 Minuten

BACKZEIT:
40 Minuten

BACKTEMPERATUR:
180 °C Heißluft

ZUTATEN
FÜR 4 PERSONEN
(FÜR 1 AUFLAUFFORM,
30 X 20 CM)

Teig
625 g Weizenmehl 700/550 (D)
250 g lauwarme Milch
42 g frische Germ/Hefe
100 g Zucker
7 g Salz
1 Ei
100 g zimmerwarme Butter

Guss
300 g Milch
50 g Butter
50 g Zucker

ZUBEREITUNG

Aus den angegebenen Zutaten einen Germ-/Hefeteig zubereiten (siehe Seite 20) und diesen zugedeckt ca. 30 Minuten rasten lassen. Nun aus dem Teig 100 g schwere Stücke abstechen und zu runden Kugeln schleifen.

Für den Guss alle Zutaten vermischen und aufkochen lassen. Nun die Hälfte des Gusses in eine ofenfeste Pfanne geben, die Dampfnudeln vorsichtig hineinsetzen und mit Deckel 20 Minuten im vorgeheizten Backofen bei 180 °C Heißluft backen. Dann den restlichen Guss darübergießen und ohne Deckel nochmals 20 Minuten fertig backen.

TIPP.
Zu den Dampfnudeln kann man Vanillesauce oder zerlassene Butter mit einer Mohn-Zucker-Mischung (50 g Staubzucker, 30 g geriebener Mohn) servieren.

BUCHTELN MIT APFELFÜLLE

ZUBEREITUNGSZEIT:
60 Minuten

RASTZEIT:
30 Minuten

BACKZEIT:
30 Minuten

BACKTEMPERATUR:
165 °C Heißluft

ZUTATEN
FÜR 5–6 PERSONEN
(FÜR 1 AUFLAUFFORM,
30 X 20 CM)

Teig
625 g Weizenmehl 700/550 (D)
250 g lauwarme Milch
42 g frische Germ/Hefe
100 g Zucker
7 g Salz
1 Ei
100 g zimmerwarme Butter

etwas Butter für die Form

Fülle
3 große, eher säuerliche Äpfel
100 g Wasser
25 g Gelierzucker 1:1
1 Pkg. Vanillezucker
Saft von 1 Zitrone

zum Bestreichen
1 verquirltes Ei
100 g Zucker

ZUBEREITUNG

Aus den angegebenen Zutaten einen Germ-/Hefeteig zubereiten (siehe Seite 20) und diesen zugedeckt ca. 30 Minuten rasten lassen. Den Teig auf ca. 30 x 40 cm ausrollen und mit einem Messer in 12 gleich große Teile teilen.

Für die Fülle die Äpfel schälen und würfelig schneiden. Das Wasser aufkochen, den Gelierzucker, den Vanillezucker und den Zitronensaft dazugeben und darin die Apfelstücke weich dünsten. Die Fülle etwa 15 Minuten kalt stellen.

Auf jedes Teigstück mittig 2 TL der Fülle setzen und die Stücke jeweils zu Kugeln verschließen.

Nun die Kugeln in eine eingefettete Auflaufform setzen, mit dem verquirlten Ei bestreichen, mit dem Zucker bestreuen und im vorgeheizten Backofen bei 165 °C Heißluft etwa 30 Minuten backen, bis sie goldbraun sind.

TIPP.
Die Buchteln können alternativ auch mit Marmelade oder Nougatcreme gefüllt werden.

TOPFENSTRUDEL-LASAGNE

ZUBEREITUNGSZEIT:
40 Minuten (ohne Rastzeit)

RASTZEIT:
30 Minuten

BACKZEIT:
30 Minuten

BACKTEMPERATUR:
180 °C Heißluft

——

ZUTATEN
FÜR 4 PERSONEN
(FÜR 1 AUFLAUFFORM,
30 X 20 CM)

Strudelteig
250 g Weizenmehl 700/550 (D)
1 EL Öl
5 g Salz
125 g Wasser
etwas Öl zum Übergießen

Fülle
3 Eier
750 g Topfen/Quark
75 g weiche Butter
150 g Staubzucker
20 g Vanillezucker
Saft von ½ Zitrone
Rosinen nach Belieben

Butter für die Form

zum Bestreichen
etwas flüssige Butter

ZUBEREITUNG

Aus den angegebenen Zutaten einen Strudelteig zubereiten (siehe Seite 21), danach mit einem guten Schuss Öl übergießen, abdecken und ca. 30 Minuten rasten lassen.

Für die Fülle die Eier trennen und das Eiweiß zu einem steifen Schnee schlagen.

Das Eigelb, den Topfen/Quark, die weiche Butter, den Staubzucker, den Vanillezucker und den Zitronensaft verrühren. Am Schluss noch nach Wunsch mit Rosinen verfeinern und den Eischnee unterheben.

Den Teig auf einem bemehlten Strudeltuch (alternativ einem Geschirrtuch) ausrollen und vorsichtig ganz dünn ausziehen.

Nun die Auflaufform einfetten und ein Ende des Teiges in die Form legen. Die Fülle auf dem Teig verteilen und den Teig umschlagen. Wieder eine Schicht Fülle darauf verteilen und den Teig umschlagen. Wiederholen und mit einer Teigschicht abschließen.

Mit der flüssigen Butter bestreichen und im vorgeheizten Backofen bei 180 °C Heißluft etwa 30 Minuten backen.

SALZBURGER NOCKERL

ZUBEREITUNGSZEIT:
30 Minuten

BACKZEIT:
10 Minuten

BACKTEMPERATUR:
200 °C Heißluft

ZUTATEN
FÜR 4 PERSONEN
(FÜR 1 BELIEBIGE
AUFLAUFFORM)

6 Eier (3 Eigelb, 6 Eiweiß)
100 g Zucker
10 g Vanillezucker
30 g Weizenmehl 700/550 (D)

20 g Butter für die Form

200 g Preiselbeeren

ZUBEREITUNG

Die Eier trennen und 3 Eigelb gleich auf die Seite geben (siehe Tipp).

Die 6 Eiweiß schaumig rühren, Zucker und Vanillezucker dazugeben und sehr steif schlagen, sodass Spitzen stehen bleiben. Die 3 Eigelb und das Mehl zum Schluss vorsichtig unterheben.

Die Form mit der Butter einfetten und die Preiselbeeren darauf verteilen.

Mit Hilfe einer Teigkarte aus der Masse Nockerl formen und in die Auflaufform heben.

Im vorgeheizten Backofen bei 200 °C Heißluft etwa 10 Minuten goldbraun backen und sofort servieren, damit die Nockerl nicht zusammenfallen.

TIPP.

Das übrige Eigelb kann in einem gut verschlossenen Gefäß bis zu 4 Tage im Kühlschrank aufbewahrt werden.

HEREINSPAZIERT: WENN BESUCH ZUM ESSEN KOMMT

Ich finde, es gibt kaum etwas Schöneres, als anderen Menschen mit einem selbstgekochten Essen eine Freude zu machen – in guter Gesellschaft schmeckt es eben doppelt so gut. Deshalb dürfen für mich natürlich auch Ofengerichte nicht fehlen, die für die große Runde geeignet sind. Für solche Gelegenheiten nehme ich mir gerne mal ein bisschen mehr Zeit. Was aber nicht heißen muss, dass es allzu kompliziert wird: Der Aufwand bleibt bei den Ofengerichten in diesem Kapitel weiterhin überschaubar. Rindsgulasch (Seite 74) oder Roastbeef (Seite 89) sind zwar eine ganze Weile im Ofen, aber sobald du das Fleisch angebraten hast, ist die Arbeit im Prinzip schon erledigt. Eben weil die Rezepte im Anschluss so unkompliziert sind, gehören sie zu meinen absoluten Favoriten für Tage, an denen wir auf dem Bramlhof Besuch zum Essen haben.

GESCHMORTES RINDFLEISCH

ZUBEREITUNGSZEIT:
30 Minuten

BACKZEIT:
3 Stunden

BACKTEMPERATUR:
150 °C Heißluft

ZUTATEN
FÜR 4 PERSONEN
(FÜR 1 SCHMORPFANNE)

500 g Rindfleisch
1 Zwiebel
2 Karotten
1 Knoblauchzehe
200 g Champignons
2 EL Öl zum Anbraten
150 g Speckwürfel
1 EL Weizenmehl 700/550 (D)
300 g Rotwein
300 g Rinderfond
Salz, Pfeffer, Thymian

ZUBEREITUNG

Das Fleisch würfelig schneiden. Die Zwiebel schälen und in Ringe schneiden, die Karotten und die Knoblauchzehe ebenfalls schälen und fein schneiden. Die Champignons in Scheiben schneiden.

Das Fleisch portionsweise in dem heißen Öl anbraten, danach aus der Pfanne nehmen und zur Seite stellen. Nun die Zwiebel und die Karotten kurz anbraten, das gesamte Fleisch wieder hinzugeben und gemeinsam mit den Speckwürfeln und den Champignons für ein paar Minuten weiterbraten.

Mit dem Mehl bestäuben, kurz anschwitzen und mit einem Schuss Rotwein ablöschen. Anschließend das Ganze mit dem restlichen Wein nach und nach aufgießen, damit die Sauce dazwischen immer etwas eindicken kann. Am Schluss noch den Rinderfond dazugießen.

Mit Salz, Pfeffer und Thymian würzen und die fein geschnittene Knoblauchzehe dazugeben.

Im vorgeheizten Backofen mit geschlossenem Deckel bei 150 °C Heißluft etwa 3 Stunden schmoren lassen.

RINDSGULASCH

ZUBEREITUNGSZEIT:
30 Minuten

BACKZEIT:
3 Stunden

BACKTEMPERATUR:
140 °C Heißluft

ZUTATEN
FÜR 4 PERSONEN
(FÜR 1 SCHMORPFANNE)

500 g Rindfleisch
2 EL Öl zum Anbraten
3 große Zwiebeln
2 EL Paprikapulver
250 g Rotwein
2 Knoblauchzehen
1 EL Tomatenmark
Salz, Pfeffer, Majoran
300 g Rinderfond

ZUBEREITUNG

Das Fleisch in würfelige Stücke schneiden und portionsweise in heißem Öl rundum anbraten. Anschließend aus der Pfanne nehmen und kurz zur Seite stellen.

Die Zwiebeln schälen, vierteln und in der Pfanne kurz anrösten, anschließend das gesamte Fleisch wieder dazugeben. Mit dem Paprikapulver bestreuen und kurz anschwitzen, mit dem Rotwein ablöschen und die Flüssigkeit eindicken lassen. Die Knoblauchzehen schälen, pressen und mit dem Tomatenmark und den Gewürzen in die Pfanne geben. Nun den Rinderfond darübergießen und alles 5–10 Minuten köcheln lassen.

Nach dem Köcheln mit geschlossenem Deckel im vorgeheizten Backofen bei 140 °C Heißluft etwa 3 Stunden schmoren lassen.

TIPP.
Als Beilage eignen sich selbstgemachte Spätzle (siehe Seite 100).

LACHSFILET MIT KRÄUTERKRUSTE

ZUBEREITUNGSZEIT:
30 Minuten

BACKZEIT:
10 Minuten

BACKTEMPERATUR:
150 °C Heißluft

———

ZUTATEN
FÜR 4 PERSONEN
(FÜR 1 RUNDE ODER ECKIGE
AUFLAUFFORM, DURCH-
MESSER 25 CM ODER
30 X 20 CM)

Kräuterkruste
1 Zwiebel
50 g Butter
2 EL Petersilie
30 g Semmelbrösel
150 g Gemüsebrühe

Beilagen
1 kg Kartoffeln

4 Lachsfilets
Saft von 1 Zitrone
Salz
2 EL Öl

ZUBEREITUNG

Für die Kräuterkruste die Zwiebel schälen, kleinwürfelig schneiden und in der heißen, geschmolzenen Butter anrösten. Die Petersilie und die Semmelbrösel hinzugeben, kurz mitrösten und mit der halben Menge der Gemüsebrühe aufgießen.

Die Kartoffeln schälen und in gesalzenem Wasser bissfest kochen.

Die Lachsfilets trockentupfen, mit dem Zitronensaft beträufeln und mit Salz würzen. Nun im heißen Öl kurz scharf anbraten.

Die Lachsfilets in eine Auflaufform geben und die Kräuterkruste dick daraufstreichen.

Mit der übrigen Gemüsebrühe übergießen und im vorgeheizten Backofen bei 150 °C Heißluft etwa 10 Minuten backen.

LASAGNE

ZUBEREITUNGSZEIT:
40 Minuten

BACKZEIT:
40 Minuten

BACKTEMPERATUR:
160 °C Heißluft

ZUTATEN
FÜR 4 PERSONEN
(FÜR 1 AUFLAUFFORM,
30 X 20 CM)

Fülle
1 Zwiebel
1 Knoblauchzehe
2 EL Öl
1 kg Faschiertes/Hackfleisch
80 g Rotwein
400 g fein passierte Tomaten
Salz, Pfeffer, Oregano
1 TL Zucker

Béchamelsauce
60 g Butter
60 g Weizenmehl 700/550 (D)
750 g Milch
Salz, Pfeffer, Muskat

9–10 Lasagneblätter
(Natürlich kannst du den
Nudelteig auch selbst machen.
Das Rezept findest du auf Seite
104. Mit einer Nudelmaschine
werden die Lasagneblätter
besonders gleichmäßig.)

zum Belegen/Bestreuen
250 g Mozzarella oder alternativ geriebener Parmesan

ZUBEREITUNG

Die Zwiebel und die Knoblauchzehe
schälen, klein schneiden und in dem Öl
anrösten, das Faschierte/Hackfleisch
dazugeben und anbraten. Mit dem
Rotwein aufgießen und kurz einkochen
lassen. Nun die fein passierten Tomaten dazugeben. Alles aufkochen lassen
und mit Salz, Pfeffer, Oregano und
Zucker abschmecken.

Für die Béchamelsauce die Butter in
einem Topf schmelzen lassen, das
Mehl löffelweise einrühren und danach
langsam unter Zugeben der Milch
aufkochen. Dabei konstant umrühren,
damit sich keine Klumpen bilden. Mit
Salz, Pfeffer und Muskat abschmecken.

Nun beginnend mit der Fleischfülle
abwechselnd Fülle, Béchamelsauce
und Lasagneblätter in die Auflaufform schichten. Mit Lasagneblättern
abschließen und darauf die restliche
Béchamelsauce verteilen. Den Mozzarella in Scheiben schneiden bzw. den
Parmesan über die Sauce streuen.

Im vorgeheizten Backofen bei 160 °C
Heißluft etwa 40 Minuten backen.
Falls Mozzarella verwendet wird,
diesen in Scheiben schneiden und
10 Minuten vor Ende der Backzeit die
Lasagne damit belegen und fertig
backen.

POLPETTE MIT TOMATENSAUCE

ZUBEREITUNGSZEIT:
40 Minuten

BACKZEIT:
30 Minuten

BACKTEMPERATUR:
180 °C Heißluft

ZUTATEN
FÜR 4 PERSONEN

Polpette
1 große Zwiebel
2 Knoblauchzehen
1 EL Öl
500 g Faschiertes/Hackfleisch
50 g Semmelbrösel
2 Eier
Salz, Pfeffer
8 kleine Mozzarellakugeln

zum Bestreichen
2 EL Öl

Tomatensauce
1 Zwiebel
1 Knoblauchzehe
1 EL Öl
2 EL Tomatenmark
800 g stückige Tomaten
Salz, Pfeffer, Basilikum

zum Garnieren
Basilikumblätter

ZUBEREITUNG

Für die Polpette die Zwiebel und die Knoblauchzehen schälen, fein schneiden, in dem Öl anbraten und auskühlen lassen. Nach dem Auskühlen zum Faschierten/Hackfleisch geben, die Semmelbrösel und die Eier dazugeben, mit Salz und Pfeffer abschmecken und gut miteinander vermischen.

Aus dem Faschierten/Hackfleisch 8 Bällchen mit ca. 5 cm Durchmesser formen, dabei in die Mitte je eine kleine Mozzarellakugel geben. Die Polpette auf ein mit Backpapier belegtes Backblech legen, mit dem Öl bestreichen und im vorgeheizten Backofen bei 180 °C Heißluft etwa 30 Minuten backen.

In der Zwischenzeit die Tomatensauce zubereiten: Die Zwiebel und die Knoblauchzehe schälen und kleinwürfelig schneiden. Nun im heißen Öl dünsten, das Tomatenmark kurz mitrösten. Die stückigen Tomaten dazugeben, mit Salz, Pfeffer und Basilikum würzen und 10 Minuten köcheln lassen.

Die Bällchen nach dem Backen in die Tomatensauce einlegen und mit Basilikumblättern garnieren.

TIPP.
Als Beilage zu den Polpette eignet sich zum Beispiel Knoblauchbrot (Seite 112) oder ein frischer grüner Salat.

SCHOPFBRATEN

ZUBEREITUNGSZEIT:
30 Minuten

BACKZEIT:
2,5 Stunden

BACKTEMPERATUR:
160 °C Heißluft

ZUTATEN
FÜR 4 PERSONEN
(FÜR 1 AUFLAUFFORM,
30 X 20 CM)

Schopfbraten
1 kg Schopfbraten/Schweine-
nacken
Salz, Kümmel
2 Knoblauchzehen
1 EL Butterschmalz
250 g Wasser
250 g Gemüsebrühe

Beilage
1 kg Kartoffeln
Preiselbeermarmelade nach
Belieben

ZUBEREITUNG

Den Schopfbraten/Schweinenacken mit Salz und Kümmel würzen und mit den geschälten, gepressten Knoblauchzehen einreiben. Anschließend in einem Bräter in heißem Butterschmalz scharf anbraten. Mit dem Wasser und der Gemüsebrühe aufgießen.

Den Schopfbraten/Schweinenacken bei 160 °C Heißluft im Backofen etwa 2,5 Stunden garen.

Währenddessen die Kartoffeln schälen, vierteln und 1 Stunde vor Ende der Backzeit zum Braten dazugeben. Die Kartoffeln immer wieder mit dem Bratensaft übergießen, damit sie schön knusprig werden.

Mit der Preiselbeermarmelade servieren.

BRATHUHN MIT ERBSENREIS

ZUBEREITUNGSZEIT:
20 Minuten

BACKZEIT:
40 Minuten

BACKTEMPERATUR:
160 °C Heißluft

ZUTATEN
FÜR 4 PERSONEN
(FÜR 1 AUFLAUFFORM,
30 X 20 CM)

Brathuhn-Gewürz
2 EL Öl
2 EL Paprikapulver
je 1 EL Salz, Pfeffer, Knob-
lauchgranulat, Thymian und
fein gehackter Rosmarin

4 Hühnerkeulen
250 g Wasser

Beilage
130 g Langkornreis
250 g Wasser
Salz
100 g Erbsen aus der Dose

ZUBEREITUNG

Für das Brathuhn-Gewürz das Öl mit den Gewürzen vermischen und die Hühnerkeulen damit bestreichen.

In einer Pfanne die Hühnerkeulen scharf anbraten und mit dem Wasser aufgießen.

Die Keulen danach in eine Auflaufform geben und im vorgeheizten Backofen bei 160 °C Heißluft etwa 40 Minuten braten. Zwischendurch immer mit dem Saft übergießen, damit eine knusprige Kruste entsteht.

Währenddessen den Langkornreis mit gesalzenem Wasser laut Grundrezept zubereiten (siehe Seite 101). Kurz vor Ende der Garzeit die Erbsen beimengen.

ÜBERBACKENES ZWIEBEL-RAHM-FILET

ZUBEREITUNGSZEIT:
20 Minuten

BACKZEIT:
30 Minuten

BACKTEMPERATUR:
180 °C Heißluft

___

ZUTATEN
FÜR 4 PERSONEN
(FÜR 1 BELIEBIGE
AUFLAUFFORM)

600 g Putenfilets
Salz, Pfeffer

Sauce
3 große Zwiebeln
2 EL Öl
25 g Weizenmehl 700/550 (D)
250 g Schlagsahne
100 g Gemüsebrühe

etwas Butter/Öl für die Form

ZUBEREITUNG

Die Putenfilets salzen und pfeffern und in eine eingefettete Auflaufform legen.

Die Zwiebeln schälen, halbieren und in feine Streifen schneiden, im Öl anrösten. Mit dem Weizenmehl bestreuen und das Mehl kurz mitrösten.

Die Zwiebeln mit der Schlagsahne und der Gemüsebrühe aufgießen und die Mischung etwas einkochen lassen. Nun die Sauce über die Putenfilets gießen und im vorgeheizten Backofen bei 180 °C Heißluft etwa 30 Minuten überbacken.

TIPP.
Als Beilage passen dazu selbstgemachte Nudeln (Seite 104) oder Reis (Seite 101).

ROASTBEEF

ZUBEREITUNGSZEIT:
10 Minuten (ohne Einziehzeit)

EINZIEHZEIT:
1 Stunde

BACKZEIT:
etwa 4 Stunden

BACKTEMPERATUR:
80 °C Heißluft

ZUTATEN
FÜR 4 PERSONEN
(FÜR 1 BELIEBIGE
AUFLAUFFORM)

1 kg Roastbeef
2 EL Öl
Salz, Pfeffer
Kräutermischung (Majoran,
Thymian, Rosmarin)

ZUBEREITUNG

Das Roastbeef mit dem Öl bestreichen, salzen, pfeffern, gut mit einer beliebigen Kräutermischung einstreichen und die Gewürze etwa 1 Stunde einziehen lassen.

Danach das Roastbeef von allen Seiten in einer Pfanne scharf anbraten und anschließend in einer Auflaufform bei 80 °C Heißluft im vorgeheizten Backofen etwa 4 Stunden garen.

TIPP.
Falls du gleich die doppelte Menge zubereitest, kannst du am nächsten Tag aus dem Fleisch einen Roastbeef-Salat als Beilage machen. Das Rezept findest du auf Seite 161.

HÜHNERKEULEN MIT GEMÜSE

ZUBEREITUNGSZEIT:
25 Minuten

BACKZEIT:
30 Minuten

BACKTEMPERATUR:
180 °C Heißluft

___

ZUTATEN
FÜR 4 PERSONEN
(FÜR 1 AUFLAUFFORM,
30 X 20 CM)

4 Hühnerkeulen
Brathuhn-Gewürz
4 rote Zwiebeln
8 Kartoffeln
½ grüne Paprika
10 Cocktailtomaten
Rosmarin nach Belieben

zum Beträufeln
1 EL Olivenöl

zum Aufgießen
100 g Gemüsebrühe

ZUBEREITUNG

Die Hühnerkeulen mit dem Brathuhn-Gewürz (siehe Seite 85) bestreichen.

Die Zwiebeln schälen und halbieren. Die Kartoffeln schälen und vierteln. Die Paprika in beliebig große Stücke schneiden. Die Cocktailtomaten halbieren.

Das geschnittene Gemüse in eine Auflaufform geben und die gewürzten Hühnerkeulen darauflegen. Nach Belieben mit dem Rosmarin bestreuen.

Mit dem Olivenöl beträufeln und im vorgeheizten Backofen bei 180 °C Heißluft und mit viel Dampf etwa 30 Minuten backen.

TIPP.
Bei Backöfen ohne Dampf sollte man ca. alle 15 Minuten mit etwas Gemüsebrühe aufgießen.

RIPPERL

ZUBEREITUNGSZEIT:
20 Minuten (ohne Stehzeit)

STEHZEIT:
über Nacht

BACKZEIT:
2 Stunden

BACKTEMPERATUR:
150 und 200 °C Heißluft

ZUTATEN
FÜR 4 PERSONEN

Marinade
4 Knoblauchzehen
200 g Bier (alkoholfrei)
1 EL Apfelessig
2 EL Honig
5 EL Öl
10 g Salz
Pfeffer, Thymian
1 TL Tomatenketchup

2 kg Ripperl

ZUBEREITUNG

Für die Marinade die Knoblauchzehen schälen, klein schneiden und mit den restlichen Zutaten gut vermischen.

Die Ripperl mit der Marinade bestreichen und über Nacht im Kühlschrank ziehen lassen.

Am nächsten Tag im vorgeheizten Backofen bei 150 °C Heißluft etwa 100 Minuten garen. In den letzten 20 Minuten bei 200 °C Heißluft (unter Aufsicht!) fertig garen.

TIPP.
Als Beilage passen dazu Wedges (Seite 105) sehr gut.

LUNGAUER SCHÖPSERNES

ZUBEREITUNGSZEIT:
20 Minuten

BACKZEIT:
2,5 Stunden

BACKTEMPERATUR:
160/130 °C Heißluft

_____

ZUTATEN
FÜR 4 PERSONEN
(FÜR 1 GROSSE AUFLAUF-
FORM, 40 X 30 CM)

4 Knoblauchzehen
1,5 kg in Stücke geschnittenes
Lammfleisch
Salz, Pfeffer, Kümmel
300 g Gemüsebrühe
3 Karotten
1 kg Kartoffeln
Salz, Kümmel

ZUBEREITUNG

Die Knoblauchzehen schälen und pressen. Die Lammfleischstücke mit Salz, Pfeffer, dem geschälten und gepressten Knoblauch sowie Kümmel nach Belieben würzen und einreiben.

Das Fleisch in eine große Auflaufform legen, mit der Hälfte der Gemüsebrühe aufgießen und in den auf 160 °C Heißluft vorgeheizten Backofen geben. Sobald das Fleisch eine goldbraune Farbe hat, die Stücke wenden.

Die Karotten schälen und grob schneiden. Die Kartoffeln schälen, halbieren, salzen und mit Kümmel bestreuen. Anschließend beides zum Fleisch geben und mitgaren.

Das Fleisch mit dem Rest der Gemüsebrühe aufgießen. Die Temperatur nun auf 130 °C reduzieren und für etwa 2 Stunden weitergaren lassen, bis es zart und weich ist. Während der Garzeit das Fleisch immer wieder mit einem Schöpfer Brühe übergießen.

MOUSSAKA

ZUBEREITUNGSZEIT:
40 Minuten

BACKZEIT:
30 Minuten

BACKTEMPERATUR:
180 °C Heißluft

ZUTATEN
FÜR 4 PERSONEN
(FÜR 1 AUFLAUFFORM,
30 X 20 CM)

400 g Kartoffeln
1 kleine Melanzani/Aubergine
1 Zucchini
Salz, Pfeffer
2 EL Olivenöl
1 Zwiebel
1 Knoblauchzehe
250 g Faschiertes/Hackfleisch
1 EL Öl
2 Tomaten
1 EL Tomatenmark
Salz, Pfeffer, Zimt

Béchamelsauce
30 g Butter
30 g Weizenmehl 700/550 (D)
250 g Milch
Salz, Pfeffer, Muskat

etwas Butter/Öl für die Form

zum Bestreuen
100 g geriebener Käse

ZUBEREITUNG

Die ungeschälten Kartoffeln in Salzwasser kochen.

Die Melanzani/Aubergine und die Zucchini in 0,5 cm dicke Scheiben schneiden, salzen und pfeffern. Die Scheiben beidseitig in dem Olivenöl anrösten und zur Seite stellen.

Die Zwiebel und die Knoblauchzehe schälen, fein hacken und mit dem Faschierten gemeinsam in dem Öl anrösten.

Die Tomaten würfelig schneiden und ebenfalls in die Pfanne geben. Das Tomatenmark untermischen, mit Salz, Pfeffer und Zimt würzen und 10 Minuten köcheln lassen.

Für die Béchamelsauce die Butter in einem Topf schmelzen lassen, das Mehl löffelweise einrühren und danach langsam unter Zugeben der Milch aufkochen. Dabei konstant umrühren, damit sich keine Klumpen bilden. Mit Salz, Pfeffer und Muskat abschmecken.

Die gekochten Kartoffeln schälen und in Scheiben schneiden. Die Hälfte der Scheiben in eine eingefettete Auflaufform legen, darauf die Melanzanischeiben schichten und eine Schicht Faschiertes/Hackfleisch darübergeben. Nun die Zucchinischeiben darauflegen und wieder mit Kartoffeln belegen.

Abschließend alles mit Béchamelsauce übergießen und mit dem Käse bestreuen. Im vorgeheizten Backofen bei 180 °C Heißluft etwa 30 Minuten überbacken.

BASICS UND BEILAGEN: WENN ES DIE EXTRAPORTION BRAUCHT

Die heimlichen Stars bei diversen Gerichten sind ... Beilagen. Ja, wirklich, denn Teigwaren wie Spätzle, Nudeln, Reis oder Polenta sind die Basis für viele Gerichte. Ich finde, da lohnt es sich, diesen Beilagen auch einen kleinen Platz auf der Bühne einzuräumen. Erst recht, weil sie sich super vorbereiten lassen und du sie später oder auch erst am nächsten Tag zu einem fixfertigen Gericht weiterverarbeiten kannst. Und abgesehen davon gibt es ein paar Beilagen, die einfach immer gehen: Kartoffeln, Gemüse oder knuspriges Baguette ... Im Anschluss findest du also Rezepte für alles, was „nebenher" geht: Pasta, Kartoffeln in allen möglichen unterschiedlichen Formen oder auch Gemüse-Beilagen und Knoblauchbrot.

BESTE GRUNDLAGEN

SPÄTZLE

ZUBEREITUNGSZEIT:
20 Minuten

RASTZEIT:
10 Minuten

ZUTATEN
FÜR 4 PERSONEN

Spätzleteig

4 Eier
250 g Milch
400 g Weizenmehl 700/550 (D)
5 g Salz

ZUBEREITUNG

Die Eier und die Milch mit einem Kochlöffel verrühren, dann das Weizenmehl mit dem Salz vermischen. Das Weizenmehl nach und nach zu der Eier-Milch-Mischung geben, bis der Teig eine zähflüssige Konsistenz hat. Anschließend 10 Minuten rasten lassen.

Reichlich Wasser zum Kochen bringen, salzen und den Teig mit Hilfe einer Spätzlereibe direkt ins kochende Wasser drücken. Nur kurz köcheln lassen, bis die Spätzle an die Oberfläche aufsteigen. Mit einer Schaumkelle abschöpfen und in einem Sieb abtropfen lassen.

TIPP.
Spätzle passen als Beilage zu (fast) allem. Ich mache sie z. B. gerne zum Rindsgulasch (Seite 74). Aber auch als Hauptgericht sind sie vielseitig einsetzbar. Du kannst sie u. a. mit Schinken und Käse überbacken (Seite 141) oder zu Spinatspätzle abwandeln (Seite 146).

REIS

ZUBEREITUNGSZEIT:
5 Minuten

BACKZEIT:
30-40 Minuten

BACKTEMPERATUR:
160 °C Heißluft

ZUTATEN
FÜR 4 PERSONEN
(FÜR 1 FEUERFESTEN TOPF)

180 g Langkornreis
500 g Wasser
Salz

ZUBEREITUNG

Den Langkornreis in einem Sieb gründlich auswaschen. Dann mit dem Wasser in einen feuerfesten Topf geben und salzen. Nun im vorgeheizten Backofen und mit geschlossenem Deckel bei 160 °C Heißluft etwa 30–40 Minuten dünsten, je nach Reissorte kann die Zeit variieren.

TIPP.

Wenn du den Reis auf dem Herd zubereitest, nimm etwas mehr als doppelt so viel Wasser wie Reis. Lass das gesalzene Wasser mit dem Reis kurz aufkochen. Reduziere dann die Hitze und lass den Reis zugedeckt ca. 15–20 Minuten dünsten. Orientiere dich aber bei der Kochzeit und der Wassermenge an den Angaben auf der Packung; Vollkornreis muss z. B. länger dünsten als weißer Reis.

Als Beilage passt Reis zu Ofengemüse (Seite 110) oder Ripperl (Seite 93). Oder du bereitest gleich etwas mehr vor und machst daraus am nächsten Tag z. B. überbackenen Reis (Seite 145).

GNOCCHI

ZUBEREITUNGSZEIT:
50 Minuten

RASTZEIT:
1 Stunde

ZUTATEN
FÜR 4 PERSONEN

Teig
500 g mehligkochende Kartoffeln
80 g griffiges Mehl
80 g Hartweizengrieß
1 Ei
Salz, Pfeffer

TIPP.

Gnocchi passen als Beilage zu vielen Fleischgerichten oder sind eine gute Basis für Aufläufe (Seite 149). Du kannst sie auch einfrieren: Leg die Gnocchi zuerst ausgebreitet nebeneinander und lass sie ca. 15–30 Minuten anfrieren, damit sie nicht zusammenkleben. Danach kannst du sie in einen Behälter geben. Achtung: Sie sollten vor der Weiterverarbeitung nicht erst aufgetaut, sondern im gefrorenen Zustand direkt ins Wasser gegeben werden.

ZUBEREITUNG

Die Kartoffeln mit der Schale kochen. Danach schälen und im noch heißen Zustand durch die Kartoffelpresse drücken oder alternativ mit einer Gabel zerquetschen. Mit den restlichen Zutaten zu einem Teig verkneten und 1 Stunde bei Zimmertemperatur rasten lassen.

Den Teig zu einer Rolle mit 2 cm Durchmesser formen, etwa 2 cm lange Stücke abstechen und mit einer Gabel das typische Rillenmuster eindrücken.

Die Gnocchi in ausreichend gesalzenem, heißem (nicht kochendem) Wasser 5 Minuten ziehen lassen, bis sie an der Oberfläche schwimmen.

POLENTA

ZUBEREITUNGSZEIT:
20 Minuten

___

ZUTATEN
FÜR 4 PERSONEN

450 g Milch
5 g Salz
150 g Polenta (Maisgrieß)

ZUBEREITUNG

Die Milch aufkochen, salzen und die Polenta unterrühren. Nun köcheln lassen, bis die Polenta etwas eingedickt ist, und währenddessen immer wieder umrühren. Anschließend nach Rezept weiterverarbeiten.

TIPP.

Eine Polenta aus feinem Grieß wird cremig und eine mittelkörnige Polenta wird schnittfester. Als Beilage passt Polenta zu geschmortem Rindfleisch (Seite 73), Schopfbraten (Seite 82) oder Lachsfilet mit Kräuterkruste (Seite 77).

NUDELN

ZUBEREITUNGSZEIT:
15 Minuten (ohne Rastzeit)

RASTZEIT:
1–2 Stunden

ZUTATEN
FÜR 4 PERSONEN

Teig

125 g Hartweizengrieß
125 g Weizenmehl 700/550 (D)
oder 480 universal
2 Eier
2 EL Öl
5 g Salz

TIPP.

Die Nudeln können auch vorbereitet und portionsweise in Häufchen eingefroren werden. Als Beilage passen sie z. B. zu geschmortem Rindfleisch (Seite 73), Schopfbraten (Seite 82) oder Rindsgulasch (Seite 74). In Blattform sind sie die Grundlage für Lasagne (Seite 78).

ZUBEREITUNG

Die Zutaten gut verkneten, bis ein geschmeidiger Teig entsteht. Sollte der Teig zu trocken sein, einfach noch ein paar Tropfen Wasser dazugeben.

Den Teig zugedeckt mindestens 1–2 Stunden kalt rasten lassen.

Auf einer gut bemehlten Arbeitsfläche ganz dünn ausrollen und in gleichmäßige Streifen schneiden. Alternativ geht das mit einer Nudelmaschine. Die fertigen Nudeln in reichlich gesalzenem Wasser kochen, bis sie bissfest sind und nicht mehr mehlig schmecken. Frische Lasagneblätter können ohne Kochen weiterverarbeitet werden.

ALLES AUS DER KARTOFFEL

WEDGES

ZUBEREITUNGSZEIT:
15 Minuten

BACKZEIT:
30 Minuten

BACKTEMPERATUR:
200 °C Heißluft

ZUTATEN
FÜR 4 PERSONEN

1 kg Kartoffeln
4 EL Olivenöl
Salz, Paprikapulver

ZUBEREITUNG

Die Kartoffeln mit Schale waschen, vierteln, mit dem Olivenöl, Salz und Paprikapulver vermengen und auf ein mit Backpapier belegtes Backblech legen.

Im vorgeheizten Backofen bei 200 °C Heißluft etwa 30 Minuten backen.

TIPP.
Die Wedges passen als Beilage z. B. gut zu Lachsfilet mit Kräuterkruste (Seite 77).

OFENKARTOFFELN

ZUBEREITUNGSZEIT:
15 Minuten

BACKZEIT:
60–70 Minuten

BACKTEMPERATUR:
200 °C Heißluft

___

ZUTATEN
FÜR 4 PERSONEN
(FÜR 1 BELIEBIGE
AUFLAUFFORM)

Salz
4 große Kartoffeln

Fülle
250 g Sauerrahm/Saure Sahne
Salz, Pfeffer
Schnittlauch nach Belieben

zum Bestreichen
Olivenöl

zum Verzieren
Räucherlachs nach Belieben

ZUBEREITUNG

Die Auflaufform mit dem Salz bestreuen und die Kartoffeln mit Schale hineinsetzen. Im vorgeheizten Backofen bei 200 °C Heißluft je nach Größe etwa 50–60 Minuten backen. Alternativ in reichlich gesalzenem Wasser etwa 30 Minuten weichkochen.

Nach der Back- bzw. Kochzeit die Kartoffeln halbieren und aushöhlen. (Achtung: Den Ofen währenddessen nicht ausschalten.) Die ausgehöhlte Masse mit einer Gabel zerdrücken und mit Sauerrahm/Saurer Sahne, Salz und Pfeffer vermischen. Die Mischung nun zurück in die Kartoffelhälften füllen.

Die Kartoffeln wieder in die Auflaufform legen, mit dem Olivenöl bestreichen und nochmals etwa 10 Minuten bei 200 °C Heißluft überbacken.

Vor dem Servieren nach Belieben mit dem Räucherlachs belegen.

TIPP.
Die Menge eignet sich für 2 Personen als Hauptgericht oder für 4 Personen als Beilage.

QUETSCHKARTOFFELN

ZUBEREITUNGSZEIT:
40 Minuten

BACKZEIT:
30 Minuten

BACKTEMPERATUR:
200 °C Heißluft

ZUTATEN
FÜR 4 PERSONEN

600 g Kartoffeln
etwas Olivenöl
Salz, Pfeffer, Thymian

ZUBEREITUNG

Die Kartoffeln mit der Schale in gesalzenem Wasser bissfest kochen.

Das Olivenöl mit Salz, Pfeffer und Thymian in einer Schüssel vermischen und die Kartoffeln nach dem Kochen in die Mischung einlegen.

Nun die Kartoffeln auf ein mit Backpapier belegtes Backblech legen, mit einer Gabel oder einem Glas plattdrücken und im vorgeheizten Backofen bei 200 °C Heißluft etwa 30 Minuten backen.

TIPP.
Quetschkartoffeln passen als Beilage zu vielen Fleischgerichten oder zu einem frischen Salat.

PRINZESSKARTOFFELN

ZUBEREITUNGSZEIT:
40 Minuten

BACKZEIT:
20 Minuten

BACKTEMPERATUR:
200 °C Heißluft

____

ZUTATEN
FÜR 4 PERSONEN

250 g Kartoffeln
1 Ei
15 g weiche Butter
Salz, Pfeffer

ZUBEREITUNG

Die Kartoffeln mit der Schale in Salzwasser weichkochen und danach schälen. Anschließend im noch warmen Zustand durch die Kartoffelpresse drücken, mit dem Ei und der weichen Butter vermischen, mit Salz und Pfeffer abschmecken.

Nun die Masse in einen Spritzsack füllen und auf ein mit Backpapier belegtes Backblech spritzen.

Im vorgeheizten Backofen bei 200 °C Heißluft etwa 20 Minuten backen.

KARTOFFELGRATIN

ZUBEREITUNGSZEIT:
20 Minuten

BACKZEIT:
45 Minuten

BACKTEMPERATUR:
170 °C Heißluft

ZUTATEN
FÜR 4 PERSONEN
(FÜR 1 RUNDE
AUFLAUFFORM,
DURCHMESSER 25 CM)

Sauce
1 Knoblauchzehe
600 g Schlagsahne
Salz, Pfeffer, Suppengewürz

400 g festkochende Kartoffeln

etwas Butter/Öl für die Form

ZUBEREITUNG

Die Knoblauchzehe schälen und klein hacken, dann gemeinsam mit der Schlagsahne aufkochen und mit Salz, Pfeffer und Suppengewürz würzen.

Die Kartoffeln schälen und in dünne Scheiben hobeln. Diese in eine eingefettete, runde Auflaufform schichten und die Sauce darübergießen, sodass die Kartoffeln bedeckt sind.

Nun im vorgeheizten Backofen bei 170 °C Heißluft etwa 45 Minuten überbacken.

TIPP.

Das Kartoffelgratin eignet sich als Beilage für 4 Personen oder als Hauptgericht für 2 Personen. Es lässt sich auch nach Belieben mit anderen Gemüsesorten ergänzen.

MEINE LIEBLINGSBEILAGEN

OFENGEMÜSE

ZUBEREITUNGSZEIT:
20 Minuten

BACKZEIT:
25 Minuten

BACKTEMPERATUR:
180 °C Heißluft

____

ZUTATEN
FÜR 4 PERSONEN
(FÜR 1 BELIEBIGE
AUFLAUFFORM)

½ Zucchini
1 Karotte
½ Paprika
8 Cocktailtomaten
1 Frühlingszwiebel
2 Kartoffeln
1 Knoblauchzehe
2 EL Olivenöl
Thymian und Basilikum nach
Belieben
Salz

ZUBEREITUNG

Das Gemüse und die ungeschälten
Kartoffeln in kleine Stücke schneiden
und in eine Auflaufform geben. Die
Knoblauchzehe schälen, fein schneiden und untermischen.

Mit dem Olivenöl beträufeln, Thymian
und Basilikum darüberstreuen und
salzen.

Nochmals alles gut miteinander vermischen und im vorgeheizten Backofen
bei 180 °C Heißluft etwa 25 Minuten
backen.

TIPP.
*Die Menge eignet sich für
2 Personen als Hauptgericht
oder für 4 Personen als Beilage.*

OFENKÜRBIS

ZUBEREITUNGSZEIT:
20 Minuten

BACKZEIT:
20 Minuten

BACKTEMPERATUR:
180 °C Heißluft

ZUTATEN
FÜR 4 PERSONEN
(FÜR 1 BELIEBIGE
AUFLAUFFORM)

1 großer Kürbis (Hokkaido)
1 Knoblauchzehe
etwas Olivenöl
Salz, Pfeffer
mediterrane Gewürzmischung
nach Belieben
Salbeiblätter

ZUBEREITUNG

Den Kürbis waschen, halbieren und aushöhlen. Nun die Hälften jeweils in ca. 2 x 10 cm große Stücke schneiden und in die Auflaufform setzen.

Die Knoblauchzehe schälen und klein schneiden. Das Öl über die Kürbis-spalten träufeln und mit Salz, Pfeffer, Knoblauch und der Gewürzmischung würzen. Abschließend noch die Salbeiblätter darüberstreuen.

Im vorgeheizten Backofen bei 180 °C Heißluft etwa 20 Minuten backen, bis die Kürbisspalten innen weich und außen knusprig sind.

TIPP.
Ofenkürbis ist die perfekte Ergänzung beim Grillen. Außerdem passt er sehr gut zu einem frischen Salat.

KNUSPRIGES KNOBLAUCHBROT

ZUBEREITUNGSZEIT:
30 Minuten (ohne Rastzeit)

RASTZEIT:
30 Minuten

BACKZEIT:
30 Minuten (gesamt)

BACKTEMPERATUR:
210 °C Heißluft
(mit Dampffunktion oder
alternativ ein feuerfestes
Gefäß Wasser dazustellen)

ZUTATEN
FÜR 3 BAGUETTES

Teig
300 g lauwarme Milch
300 g lauwarmes Wasser
1 kg Weizenmehl 700/550 (D)
20 g Salz
20 g frische Germ/Hefe
20 g zimmerwarme Butter

Belag
30 g zimmerwarme Butter
3 Knoblauchzehen
Rosmarin, Thymian

ZUBEREITUNG

Für den Germ-/Hefeteig zuerst die Milch und das Wasser in eine Rührschüssel geben. Anschließend das Mehl, das Salz, die Germ/Hefe und am Schluss die zimmerwarme Butter dazugeben. 5–10 Minuten lang zu einem glatten Teig kneten und diesen ca. 20 Minuten zugedeckt rasten lassen.

Den Teig in 3 Stücke teilen, diese zu Baguettes formen und auf einem Baguetteblech oder einem mit Backpapier belegten Backblech nochmals 10 Minuten rasten lassen. Danach die Brote je nach Wunsch schräg einschneiden, mit Wasser besprühen und mit Mehl bestäuben.

Im vorgeheizten Backofen bei 210 °C Heißluft etwa 20 Minuten backen.

Die Baguettes auskühlen lassen und in Scheiben schneiden. Anschließend mit der Butter und dem geschälten, fein gehackten Knoblauch bepinseln, die Kräuter darüberstreuen und die Brotscheiben bei 210 °C für etwa 10 Minuten überbacken.

TIPP.
Im Video findest du die Baguette-Zubereitung noch einmal erklärt.

Als Beilage passt Knoblauchbrot zu Gegrilltem oder frischem Salat.

SPAR DIR HERDZEIT: WENN WIRKLICH JEDE MINUTE ZÄHLT

—

Manchmal geht es im Alltag nicht um Viertelstunden, sondern um jede Minute – kennst du das auch? In diesem Kapitel findest du also Rezepte, die sich zwar grundsätzlich ganz einfach am Herd zubereiten lassen, mit denen du dir aber ein bisschen Zeit sparst, wenn du sie in den Ofen gibst – wo sie allein und ohne dein Zutun (fertig)kochen können. So hast du z. B. eine halbe Stunde länger die Hände frei für alles, was sonst gerade zu tun ist. Und am Ende? Kannst du dich auch noch über extra-intensives Tomatenaroma, knusprige Käsekrusten, goldbraunen Kaiserschmarrn und Co. freuen.

RINDSSUPPE

ZUBEREITUNGSZEIT:
1,5 Stunden

GARZEIT:
2,5 Stunden

BACKTEMPERATUR:
120 °C Heißluft

___

ZUTATEN
FÜR 4 PERSONEN
(FÜR 1 FEUERFESTEN TOPF)

600 g Rindfleisch (z. B. Suppenfleisch)
500 g Rinderknochen
3,5 l Wasser
1 Zwiebel
je 70 g Karotten, gelbe Rüben, Sellerie und Lauch (alternativ: 1 Bund Suppengrün)
4 Pimentkörner
ein paar Pfefferkörner und Wacholderbeeren
2 Lorbeerblätter
Salz
Liebstöckel, Petersilie und Suppengewürz nach Belieben

zum Garnieren
Petersilie oder Schnittlauch

ZUBEREITUNG

Das Rindfleisch und die Rinderknochen in das kalte Wasser geben und alles zum Kochen bringen. Jetzt den feuerfesten Topf in den Backofen stellen und bei 120 °C Heißluft etwa 1,5 Stunden garen. Währenddessen immer wieder mit einem Schaumlöffel den Schaum abschöpfen.

Die Zwiebel schälen, halbieren und in einer Pfanne ohne Zugabe von Fett anbräunen. Das Gemüse ebenfalls schälen und in größere Stücke schneiden.

Nach 1,5 Stunden Garzeit das geschnittene Gemüse, die Zwiebelhälften und die Gewürze zum Fleisch in den Suppentopf geben. Wenn nötig, mit Wasser auf die gewünschte Menge von 1,5 l auffüllen. Alles zusammen bei 120 °C Heißluft etwa 1 Stunde weiter im Ofen garen lassen.

Nach einer Gesamtzeit von 2,5 Stunden bzw. sobald das Gemüse weich ist, die Suppe durch ein Sieb gießen. Mit dem Suppengewürz abschmecken. Abschließend das Fleisch aufschneiden und gemeinsam mit den Gemüsestücken wieder in die Suppe geben.

Vor dem Servieren mit Petersilie oder Schnittlauch garnieren.

TIPP.
Wenn das Fleisch zur weiteren Verarbeitung gedacht ist (z. B. für einen Rindfleischsalat, siehe Seite 150), gibst du es am besten nicht in kaltes, sondern in bereits kochendes Wasser. Dadurch schließen sich die Poren sofort und das Fleisch schmeckt intensiver.

TOMATENSUPPE AUS DEM OFEN

ZUBEREITUNGSZEIT:
20 Minuten

BACKZEIT:
30 Minuten

BACKTEMPERATUR:
180 °C Heißluft

____

ZUTATEN
FÜR 4 PERSONEN

Suppe
2 Zwiebeln
3 Knoblauchzehen
1 kg Tomaten
1 Bund Basilikum
35 g Olivenöl
600 g Gemüsebrühe

Croûtons
einige Scheiben altes Schwarz-
oder Weißbrot
1 EL Olivenöl
Salz, Thymian

zum Abschmecken
Salz, Pfeffer

ZUBEREITUNG

Die Zwiebeln und die Knoblauchzehen schälen. Die Tomaten halbieren, die Zwiebeln vierteln und mit dem Basilikum und den Knoblauchzehen auf das Backblech legen. Das Olivenöl darüber verteilen. Bei 180 °C Heißluft für etwa 30 Minuten backen.

Für die Croûtons das Brot würfelig schneiden und auf einem Backblech verteilen. Mit dem Olivenöl, Salz und Thymian würzen. Die Croûtons noch etwa 10 Minuten im Ofen mitbacken, damit sie schön knusprig werden.

Nun das Tomatengemisch fein pürieren, mit Gemüsebrühe aufgießen und mit Salz und Pfeffer abschmecken. Wer möchte, kann die Tomatensuppe zusätzlich durch ein Sieb passieren oder nochmals pürieren.

GEMÜSERISOTTO

ZUBEREITUNGSZEIT:
20 Minuten

BACKZEIT:
30 Minuten

BACKTEMPERATUR:
200 °C Heißluft

ZUTATEN
FÜR 4 PERSONEN
(FÜR 1 AUFLAUFFORM,
30 X 20 CM)

1 Zwiebel
3 Karotten
1 Zucchini
40 g Butter für die Pfanne
300 g Risottoreis
100 g Weißwein
800 g Gemüsebrühe
7 Cocktailtomaten
Salz, Pfeffer
60 g Butter
40 g Parmesan

ZUBEREITUNG

Die Zwiebel schälen und fein schneiden. Die Karotten und die Zucchini waschen, in Stücke schneiden und gemeinsam mit der Zwiebel in der erhitzten Butter kurz anschwitzen. Gleich danach den Reis dazugeben und ebenfalls anschwitzen. Mit dem Weißwein ablöschen und die Gemüsebrühe nachgießen. Die Cocktailtomaten hinzugeben und mit Salz und Pfeffer würzen. Nun noch die Butter und den Parmesan unterrühren.

Die Reismischung in eine Auflaufform füllen und im vorgeheizten Backofen bei 200 °C Heißluft etwa 30 Minuten backen.

REISFLEISCH

ZUBEREITUNGSZEIT:
25 Minuten

BACKZEIT:
60 Minuten

BACKTEMPERATUR:
170 °C Heißluft

___

ZUTATEN
FÜR 4 PERSONEN
(FÜR 1 FEUERFESTEN TOPF)

500 g Rindfleisch (Gulasch-
fleisch)
2 Zwiebeln
Öl zum Anbraten
2 EL Paprikapulver
150 g Rotwein
150 g Gemüsesuppe
1 Prise Salz und Pfeffer
1 TL Kümmel
1 TL gemahlener Lorbeer
250 g Reis

ZUBEREITUNG

Das Fleisch in ca. 3 x 3 cm große Würfel schneiden. Die Zwiebeln schälen und klein schneiden.

Einen großen Topf mit einem Schuss Öl erhitzen. Die Zwiebeln unter ständigem Rühren anrösten. Die Fleischwürfel zu den angerösteten Zwiebeln in den Topf geben und mitrösten, die Hitze etwas reduzieren und weiterrühren.

Das Paprikapulver dazugeben und gleich mit dem Rotwein und der Gemüsesuppe aufgießen – das Fleisch muss immer von der Flüssigkeit bedeckt sein, ggf. gerne noch Wasser dazugeben. Salz, Pfeffer, Kümmel und Lorbeer sowie den Reis hinzufügen.

Den Topf nun mit Deckel in den vorgeheizten Backofen stellen und bei 170 °C Heißluft ca. 60 Minuten fertig garen.

PENNE IN TOMATENSAUCE

ZUBEREITUNGSZEIT:
20 Minuten

BACKZEIT:
30–40 Minuten

BACKTEMPERATUR:
150 °C Heißluft

___

ZUTATEN
FÜR 4 PERSONEN
(FÜR 1 AUFLAUFFORM,
30 X 20 CM)

Sauce
2 kleine Zwiebeln
2 Knoblauchzehen
1 EL Olivenöl
400 g fein passierte Tomaten
350 g Schlagsahne
20 g frisch geriebener Parmesan
Salz, Pfeffer, Zucker, italienische Kräuter

500 g Cocktailtomaten
300 g Penne
2 Kugeln Mozzarella (ca. 250 g)

ZUBEREITUNG

Für die Sauce die Zwiebeln und die Knoblauchzehen schälen und kleinwürfelig schneiden. In dem heißen Öl kurz anrösten.

Die fein passierten Tomaten in die Pfanne geben und aufkochen lassen. Die Schlagsahne und den Parmesan dazugeben. Mit Salz, Pfeffer, Zucker und italienischen Kräutern abschmecken.

Die ungekochten Penne und die halbierten oder (je nach Größe) geviertelten Cocktailtomaten in die Sauce mischen. Alles in eine beliebige Auflaufform geben, sodass alle Nudeln gut mit Sauce bedeckt sind. Den Mozzarella würfelig schneiden und auf der Nudelmasse verteilen.

Im vorgeheizten Backofen bei 150 °C Heißluft für ca. 30 Minuten backen.

SPECKKNÖDEL MIT SAUERKRAUT

ZUBEREITUNGSZEIT:
60 Minuten

ZIEHZEIT:
30 Minuten

BACKZEIT:
20 Minuten

BACKTEMPERATUR:
200 °C Heißluft

ZUTATEN
FÜR 4 PERSONEN

Speckknödel
1 Zwiebel
1 TL Butter
150 g Speckwürfel
250 g Milch
500 g Knödelbrot/Semmel-
würfel
2 Eier
1 Bund Petersilie
1 EL Mehl
Salz, Pfeffer

Sauerkraut
1 Zwiebel
1 EL Öl
1 Pkg. Sauerkraut
100 g Gemüsebrühe
Salz
je 1 Prise Pfefferkörner und
Wacholderbeeren
1 Lorbeerblatt

ZUBEREITUNG

Für die Speckknödel die Zwiebel schälen und kleinwürfelig schneiden. Die Butter in einer Pfanne erwärmen und die Zwiebelstücke und Speckwürfel kurz anrösten.

Die Milch über die Zwiebel-Speck-Masse gießen und alles gemeinsam erwärmen. Das Knödelbrot/die Semmelwürfel in eine Schüssel geben und mit der flüssigen Masse übergießen.

Die Eier, die fein gehackte Petersilie und das Mehl dazugeben und alles gut vermengen (am besten mit den Händen). Mit Salz und Pfeffer abschmecken.

Das Ganze ca. 30 Minuten ziehen lassen.

Für das Sauerkraut die Zwiebel schälen, fein schneiden und in dem Öl anschwitzen. Das Sauerkraut dazugeben, mit der Gemüsebrühe aufgießen, salzen, die restlichen Gewürze dazugeben und 20–30 Minuten köcheln lassen.

Die Knödelmasse kurz durchkneten. Mit feuchten Händen die Knödel formen und diese auf einem mit Backpapier belegtes Backblech im vorgeheizten Backofen bei 200 °C Heißluft etwa 20 Minuten backen.

Das Sauerkraut auf Tellern anrichten und die Knödel daraufsetzen.

MILCHREIS

ZUBEREITUNGSZEIT:
5 Minuten

BACKZEIT:
80 Minuten (gesamt)

BACKTEMPERATUR:
150 °C Heißluft

———

ZUTATEN
FÜR 4 PERSONEN
(FÜR 1 FEUERFESTEN TOPF)

250 g Rundkornreis
1 l Milch
30 g Zucker
20 g Vanillezucker
5 g Salz

zum Bestreuen
Zimt, Zucker

ZUBEREITUNG

Den Rundkornreis gemeinsam mit der Milch, dem Zucker, dem Vanillezucker und dem Salz in einen Topf geben und zugedeckt im vorgeheizten Backofen bei 150 °C Heißluft für 60 Minuten garen.

Danach gut umrühren und nochmals 20 Minuten zugedeckt fertig garen.

Vor dem Servieren mit Zimt und Zucker bestreuen.

TIPP.

Milchreis ist zwar kein typisches Ofengericht, ich bereite ihn trotzdem gerne im Ofen statt im Topf zu. So kann ich während der Ofenzeit andere Dinge erledigen und muss nicht durchgehend beim Herd bleiben.

GRIESSSCHMARRN

ZUBEREITUNGSZEIT:
10 Minuten

BACKZEIT:
15 Minuten

BACKTEMPERATUR:
180 °C Heißluft

___

ZUTATEN
FÜR 4 PERSONEN
(FÜR 1 OFENFESTE PFANNE)

Teig
500 g Milch
etwas Salz
200 g Dinkelgrieß
15 g Zucker
20 g Butter

Beilage
Preiselbeeren nach Belieben

ZUBEREITUNG

Die Milch salzen und aufkochen. Den Grieß und den Zucker unter ständigem Rühren einfließen lassen und kurz aufkochen.

Die Butter in einer ofenfesten Pfanne schmelzen, die Milch-Grieß-Masse in die Pfanne geben und darin verstreichen.

Nun im vorgeheizten Backofen bei 180 °C Heißluft etwa 15 Minuten goldbraun überbacken. Vor dem Servieren mit zwei Gabeln in kleine Stücke zerteilen. Mit Preiselbeeren servieren.

KAISERSCHMARRN

ZUTATEN
FÜR 4 PERSONEN
(FÜR 1 OFENFESTE PFANNE)

Teig
3 Eier
300 g Weizenmehl 700/550 (D)
375 g Milch
20 g Zucker
1 Prise Salz

zum Backen
40 g Butter

zum Bestreuen
Staubzucker
Rosinen nach Belieben

Beilage
Apfelmus

ZUBEREITUNG

Für den Kaiserschmarrn die Eier trennen und das Eiweiß zu einem steifen Schnee schlagen. Das Eigelb mit den restlichen Zutaten gut verrühren und den Eischnee vorsichtig unterheben.

Die Butter in der ofenfesten Pfanne gut erhitzen und den Teig fingerdick eingießen. Nun im vorgeheizten Backofen bei 160 °C Heißluft 15 Minuten goldbraun backen.

Danach den fertigen Teig mit zwei Gabeln in ungleichmäßige Stücke zerteilen. Mit Staubzucker und Rosinen bestreuen. Mit Apfelmus servieren.

HEIDELBEERSCHMARRN

ZUBEREITUNGSZEIT:
25 Minuten

BACKZEIT:
20-25 Minuten (gesamt)

BACKTEMPERATUR:
160 °C Heißluft/Grillfunktion

___

ZUTATEN
FÜR 4 PERSONEN
(FÜR 1 OFENFESTE PFANNE)

Teig
3 Eier
300 g Weizenmehl 700/550 (D)
375 g Milch
20 g Zucker
1 Prise Salz
300 g Heidelbeeren

zum Backen
40 g Butter

zum Karamellisieren
30 g Zucker

zum Bestreuen
Staubzucker

ZUBEREITUNG

Für den Heidelbeerschmarrn die Eier trennen und das Eiweiß zu einem steifen Schnee schlagen. Die Eigelb mit den restlichen Zutaten gut verrühren und den Eischnee vorsichtig unterheben.

Die Butter in der Pfanne gut erhitzen und den Teig fingerdick eingießen. Im vorgeheizten Backofen bei 160 °C Heißluft 15 Minuten goldbraun backen.

Danach den fertigen Teig mit zwei Gabeln in ungleichmäßige Stücke zerteilen.

Nun noch den Zucker darübergeben und für ein paar Minuten im Backofen mit Grillfunktion (unter Aufsicht!) karamellisieren lassen. Die Heidelbeeren zugeben und nochmals kurz mit Deckel im ausgeschalteten, aber noch warmen Backofen ziehen lassen. Mit Staubzucker bestreuen und servieren.

KIPFERLSCHMARRN

ZUBEREITUNGSZEIT:
20 Minuten

BACKZEIT:
20 Minuten

BACKTEMPERATUR:
180 °C Heißluft

———

ZUTATEN
FÜR 4 PERSONEN
(FÜR 1 OFENFESTE PFANNE,
DURCHMESSER 25 CM)

350 g Milch
80 g Zucker
2 Eier
ca. 300 g Reste vom Frühstückskipferl

zum Backen
2 EL Butterschmalz

zum Bestreuen
Zucker

ZUBEREITUNG

Milch, Zucker und Eier gut miteinander vermischen. Die Kipferlreste in dünne Scheiben schneiden, in das Milch-Zucker-Ei-Gemisch einlegen und so lange stehen lassen, bis die Flüssigkeit aufgesaugt ist.

In einer ofenfesten großen Pfanne das Butterschmalz schmelzen lassen, die Kipferlmasse hineingeben und verteilen.

Alles goldbraun anbacken lassen, umdrehen, wieder goldbraun anbacken lassen und mit 2 Gabeln in Stücke zerteilen.

Im vorgeheizten Backofen bei 180 °C Heißluft etwa 20 Minuten überbacken. Vor dem Servieren nach Belieben mit Zucker bestreuen.

AUS EINS MACH ZWEI: WENN DU NICHT VON NULL STARTEN WILLST

—

Einmal kochen, zweimal essen – dieses Prinzip hat uns zuhause schon oft den Alltag erleichtert. Und tatsächlich gibt es überraschend viele Möglichkeiten, aus einem Grundrezept verschiedene Variationen zu machen. So musst du dir am nächsten Tag nicht lange Gedanken machen, was du kochst, und sparst dir außerdem Zeit, denn die Grundlage hast du ja bereits. Oder aber du hast am Vortag zu viele Nudeln oder eine zu große Portion Reis gekocht? Dann wirst du hier bestimmt fündig. Auch deswegen, weil du die Rezepte ganz leicht je nachdem abwandeln kannst, was du gerade noch zuhause hast. Die letzte Zucchini wartet noch auf ihren großen Einsatz? Also ab damit auf die Polentapizza (Seite 153). Eine Handvoll Erbsen ist in der Packung übriggeblieben? Perfekt, dann gib sie einfach in den Nudelauflauf (Seite 154).

ÜBERBACKENE SCHINKEN-KÄSE-SPÄTZLE

ZUBEREITUNGSZEIT:
30 Minuten (ohne Rastzeit)

RASTZEIT:
10 Minuten

BACKZEIT:
20 Minuten

BACKTEMPERATUR:
220 °C Heißluft

___

ZUTATEN
FÜR 4 PERSONEN
(FÜR 1 AUFLAUFFORM,
30 X 20 CM)

Spätzleteig
4 Eier
250 g Milch
400 g Weizenmehl 700/550 (D)
5 g Salz

2 Zwiebeln
200 g Schinken
1 EL Öl zum Anrösten
120 g geriebener Käse
Salz, Pfeffer

etwas Butter/Öl für die Form

zum Garnieren
Schnittlauch

ZUBEREITUNG

Die Spätzle zubereiten (siehe Seite 100) und abseihen.

Die Zwiebeln schälen und klein hacken. Den Schinken kleinwürfelig schneiden. Die Zwiebeln kurz in dem Öl anrösten. Sobald sie glasig sind, die Pfanne von der heißen Herdplatte nehmen. Nun die Spätzle, den Schinken und die Hälfte vom geriebenen Käse dazugeben und vermischen. Mit Salz und Pfeffer würzen.

Alles zusammen in eine eingefettete Auflaufform geben, mit dem restlichen Käse bestreuen und im vorgeheizten Backofen bei 220 °C Heißluft etwa 20 Minuten überbacken, bis der Käse geschmolzen und leicht angebräunt ist.

Vor dem Servieren mit fein gehacktem Schnittlauch bestreuen.

KÄSESPÄTZLE

ZUBEREITUNGSZEIT:
30 Minuten (ohne Rastzeit)

RASTZEIT:
10 Minuten

BACKZEIT:
15 Minuten

BACKTEMPERATUR:
200 °C Heißluft

ZUTATEN
FÜR 4 PERSONEN
(FÜR 1 OFENFESTE PFANNE)

Spätzleteig
4 Eier
250 g Milch
400 g Weizenmehl 700/550 (D)
5 g Salz

1 Zwiebel
25 g Butter für die Pfanne
300 g geriebener Bergkäse
Salz, Pfeffer

ZUBEREITUNG

Die Spätzle zubereiten (siehe Seite 100) und abseihen.

Die Zwiebel schälen und fein hacken. In einer großen, ofenfesten Pfanne die Butter schmelzen und die Zwiebel darin anrösten.

Danach die Spätzle hinzufügen und kurz mitrösten. Den geriebenen Bergkäse darüberstreuen und mit Salz und Pfeffer würzen.

Die Pfanne in den vorgeheizten Backofen stellen und die Spätzle bei 200 °C Heißluft etwa 15 Minuten goldgelb überbacken.

ÜBERBACKENER REIS

ZUBEREITUNGSZEIT:
20 Minuten (ohne Kochzeit für
den Reis)

KOCHZEIT FÜR DEN REIS:
je nach Sorte 20–45 Minuten

BACKZEIT:
25 Minuten

BACKTEMPERATUR:
180 °C Heißluft

_____

ZUTATEN

FÜR 4 PERSONEN
(FÜR 1 RUNDE ODER
ECKIGE AUFLAUFFORM,
DURCHMESSER 25 CM
ODER 30 X 20 CM)

400 g Langkornreis
2 Frühlingszwiebeln
1 kleine Zucchini
1 Karotte
1 Paprika
1 EL Öl
Salz
175 g Kräuterfrischkäse

Sauce
3 Eier
200 g Schlagsahne
Salz, Pfeffer
2 EL Kräuterfrischkäse (alternativ: mit frischen Kräutern
gemischter Naturfrischkäse)

etwas Butter/Öl für die Form

zum Bestreuen
120 g geriebener Käse

ZUBEREITUNG

Den Reis laut Packungsanweisung bzw. Grundrezept (Seite 101) kochen.

Die Frühlingszwiebeln fein schneiden. Die Zucchini halbieren, die Karotte schälen, die Paprika entkernen und alles in dünne Scheiben schneiden.

Die Frühlingszwiebeln in dem heißen Öl anbraten, das geschnittene Gemüse dazugeben, gut miteinander vermischen und anrösten. Mit Salz würzen, den Reis dazugeben und 1–2 Minuten mitrösten. Den Kräuterfrischkäse unterrühren.

Für die Sauce die Eier und die Schlagsahne gut miteinander verrühren und mit Salz und Pfeffer würzen. Nun noch 2 EL Kräuterfrischkäse dazugeben und alles vermischen.

Die Masse in eine eingefettete Auflaufform geben, die Sauce darübergießen und untermengen, zum Schluss mit dem geriebenen Käse bestreuen.

Im vorgeheizten Backofen bei 180 °C Heißluft etwa 25 Minuten überbacken.

SPINATSPÄTZLE MIT SCHINKEN ÜBERBACKEN

ZUBEREITUNGSZEIT:
25 Minuten (ohne Rastzeit)

RASTZEIT:
10 Minuten

BACKZEIT:
20 Minuten

BACKTEMPERATUR:
180 °C Heißluft

___

ZUTATEN
FÜR 4 PERSONEN
(FÜR 1 RUNDE ODER
ECKIGE AUFLAUFFORM,
DURCHMESSER 25 CM
ODER 30 X 20 CM)

Teig
200 g frische Spinatblätter
2 EL Wasser
300 g Spätzlemehl (alternativ
griffiges Mehl)
3 Eier
10 g Salz

zum Überbacken
120 g Schinken
etwas Butter
250 g Schlagsahne
1 Ei
50 g geriebener Parmesan
Salz, Pfeffer

etwas Butter/Öl für die Form

zum Garnieren
Schnittlauch
Petersilie

ZUBEREITUNG

Die Spinatblätter mit dem Wasser aufkochen und pürieren. Danach das Mehl, die Eier und das Salz unterrühren. Den Teig nun ca. 10 Minuten rasten lassen und anschließend durch ein Spätzlesieb in kochendes, leicht gesalzenes Wasser reiben. Die Spätzle abseihen, sobald sie an der Oberfläche schwimmen.

Den Schinken kleinwürfelig schneiden. Nun die Butter in der Pfanne erhitzen, den Schinken darin anbraten und die Spätzle hinzufügen. Die Schlagsahne mit dem Ei vermengen, den Parmesan zugeben, alles mit Salz und Pfeffer abschmecken und zu den heißen Spätzle in die Pfanne geben. Alles gut durchschwenken und in eine eingefettete Auflaufform füllen.

Im vorgeheizten Backofen bei 180 °C Heißluft etwa 20 Minuten überbacken.

Vor dem Servieren mit Schnittlauch und Petersilie garnieren.

TIPP.

Dieses Rezept funktioniert natürlich auch mit tiefgekühltem Spinat. Wenn dieser schon püriert ist, kann er einfach aufgetaut und beigemengt werden. Blattspinat ebenfalls auftauen lassen, pürieren und zum Spätzleteig mischen.

GNOCCHI-AUFLAUF

ZUBEREITUNGSZEIT:
30 Minuten (ohne Gnocchi-Zubereitung)

BACKZEIT:
15–20 Minuten

BACKTEMPERATUR:
180 °C Heißluft

ZUTATEN
FÜR 4 PERSONEN
(FÜR 1 AUFLAUFFORM,
30 X 20 CM)

Teig
500 g mehligkochende Kartoffeln
80 g griffiges Mehl
80 g Hartweizengrieß
1 Ei
Salz, Pfeffer

alternativ: 500 g Gnocchi

500 g Cocktailtomaten
½ Paprika
200 g Mozzarella
2 EL Olivenöl
Kräuter und Gewürze nach Belieben

etwas Butter/Öl für die Form

ZUBEREITUNG

Die Gnocchi laut Grundrezept vorbereiten (siehe Seite 102).

Die Cocktailtomaten halbieren, die Paprika in kleine Stücke und den Mozzarella würfelig schneiden. Das Öl mit den Gnocchi, den Tomaten, der Paprika, dem Mozzarella, den Kräutern und Gewürzen vermengen.

Nun in eine eingefettete Auflaufform füllen und im vorgeheizten Backofen bei 180 °C Heißluft etwa 15–20 Minuten überbacken, bis der Mozzarella geschmolzen ist.

RINDFLEISCHSALAT

ZUBEREITUNGSZEIT:
15 Minuten

___

ZUTATEN
FÜR 4 PERSONEN

Vom Vortag
400 g gekochtes Rindfleisch

1 Paprika
3 Frühlingszwiebeln
4 gekochte Eier

Dressing
2 EL Essig
3 EL Öl
2 EL Wasser
½ TL Salz
1 Prise Zucker
Pfeffer und Schnittlauch nach
Belieben

zum Garnieren
Essiggurken und Pfefferoni
nach Belieben

ZUBEREITUNG

Das Rindfleisch in feine Scheiben, die
Paprika kleinwürfelig und die Früh-
lingszwiebeln in feine Ringe schneiden.
Die Eier vierteln.

Mit Essig, Öl, Wasser, Salz, Zucker,
Pfeffer und geschnittenem Schnittlauch eine Marinade zubereiten und
über den Salat gießen.

Vor dem Servieren mit Essiggurken
und Pfefferoni garnieren.

POLENTAPIZZA

ZUBEREITUNGSZEIT:
25 Minuten

BACKZEIT:
20 Minuten

BACKTEMPERATUR:
200 °C Heißluft

ZUTATEN
FÜR 4 PERSONEN
(FÜR 2 PIZZEN)

400 g Milch
Salz
200 g Polenta (Maisgrieß)
10 g Parmesan

Belag
3 Zwiebeln
ca. 6 Cocktailtomaten
200 g geriebener Käse

zum Bestreuen
Rucola nach Belieben

ZUBEREITUNG

Die Milch aufkochen, salzen und die Polenta sowie den Parmesan unterrühren. Nun köcheln lassen, bis die Polenta etwas eingedickt ist. Am besten noch warm in runder Form auf ein mit Backpapier belegtes Backblech streichen.

Die Zwiebeln schälen und in Ringe schneiden. Die halbierten Cocktailtomaten, den geriebenen Käse und anschließend die Zwiebelringe auf die Polenta streuen.

Im vorgeheizten Backofen bei 200 °C Heißluft etwa 20 Minuten backen. Vor dem Servieren mit dem Rucola bestreuen.

NUDELAUFLAUF

ZUBEREITUNGSZEIT:
30 Minuten

BACKZEIT:
25 Minuten

BACKTEMPERATUR:
180 °C Heißluft

___

ZUTATEN
FÜR 4 PERSONEN
(FÜR 1 RUNDE AUFLAUF-
FORM, DURCHMESSER
25 CM)

1 rote Paprika
2 Karotten
2 Frühlingszwiebeln
200 g Champignons
100 g Mais
80 g Erbsen
300 g Nudeln (z. B. Makkaroni)

etwas Butter/Öl für die Form

Guss
250 g Schlagsahne
50 g Milch
2 Eier

Salz, Pfeffer und Gewürze nach
Belieben

ZUBEREITUNG

Die Paprika in kleine Würfel schneiden. Die Karotten halbieren und in feine Streifen schneiden. Die Frühlingszwiebeln in dünne Ringe und die Champignons in Scheiben schneiden. Alle Zutaten mit dem Mais und den Erbsen vermischen.

Die Nudeln in gesalzenem Wasser kochen und kurz bevor sie bissfest sind abseihen.

Für den Guss die Schlagsahne mit der Milch und den Eiern gut vermischen. Das Gemüse mit dem Guss vermengen. Anschließend mit Salz, Pfeffer und Gewürzen nach Belieben abschmecken.

Die gekochten Nudeln in eine eingefettete Auflaufform füllen und den Guss darübergießen.

Im vorgeheizten Backofen bei 180 °C Heißluft etwa 25 Minuten backen.

ÜBERBACKENE SCHINKENFLECKERL

ZUBEREITUNGSZEIT:
20 Minuten

BACKZEIT:
20 Minuten

BACKTEMPERATUR:
200 °C Heißluft

___

ZUTATEN
FÜR 4 PERSONEN
(FÜR 1 AUFLAUFFORM,
30 X 20 CM)

400 g Fleckerlnudeln
1 Zwiebel
1 EL Öl
250 g Schinken
Salz, Pfeffer
200 g Schlagsahne
200 g Milch
2 Eier
100 g geriebener Käse

ZUBEREITUNG

Die Nudeln in leicht gesalzenem Wasser kochen und abseihen.

Die Zwiebel klein schneiden und kurz in dem Öl anrösten. Den Schinken würfelig schneiden und mitrösten.

Das Zwiebel-Schinken-Gemisch über den Nudeln verteilen. Mit Salz und Pfeffer würzen.

Die Schlagsahne mit der Milch und den Eiern verquirlen und über die Nudeln gießen.

Mit dem geriebenen Käse bestreuen und bei 200 °C Heißluft für etwa 20 Minuten backen.

KARTOFFELLAIBCHEN

ZUBEREITUNGSZEIT:
40 Minuten

BACKZEIT:
35 Minuten

BACKTEMPERATUR:
180 °C Heißluft

___

ZUTATEN
FÜR 4 PERSONEN

1 Zwiebel
1 Knoblauchzehe
50 g Butter
800 g Kartoffeln
100 g Käse nach Wahl
70 g Schinken
30 g Salami
1 Ei
Salz, Pfeffer
1 EL Weizenmehl 700/550 (D)

Öl zum Einpinseln

ZUBEREITUNG

Die Zwiebel und die Knoblauchzehe schälen, klein schneiden und in der heißen, geschmolzenen Butter anrösten.

Die Kartoffeln in Salzwasser weichkochen. Danach schälen und im noch warmen Zustand durch die Kartoffelpresse drücken oder alternativ mit einem Kartoffelstampfer zerkleinern.

Den Käse, den Schinken und die Salami klein schneiden und zur Kartoffelmasse geben. Das Ei darüberschlagen, alles salzen, pfeffern und mit der angerösteten Zwiebel und der Knoblauchzehe gut vermischen. Am Schluss das Mehl beimengen.

Nun Laibchen formen und auf ein mit Backpapier belegtes Backblech legen, mit dem Öl einpinseln und im vorgeheizten Backofen bei 180 °C Heißluft etwa 35 Minuten knusprig backen.

ROASTBEEF-SALAT

ZUBEREITUNGSZEIT:
10 Minuten

GRILLZEIT:
15 Minuten

BACKTEMPERATUR:
180 °C Grillfunktion oder
Oberhitze

ZUTATEN
FÜR 4 PERSONEN

vom Vortag
1 kg Roastbeef

500 g Cocktailtomaten
125 g Rucola
Parmesanscheiben nach
Belieben
Salz, Pfeffer
Balsamico-Crema
Öl

ZUBEREITUNG

Das Roastbeef vom Vortag in feine Scheiben schneiden und auf einen Teller auflegen.

Die Cocktailtomaten halbieren, auf ein mit Backpapier belegtes Backblech legen und bei 180 °C etwa 10–15 Minuten grillen.

Anschließend die gegrillten Tomaten, den Rucola und die Parmesanscheiben auf die Roastbeef-Scheiben legen. Mit Salz und Pfeffer abschmecken und mit Balsamico-Crema und Öl nach Wunsch verfeinern.

SALATDRESSINGS

KÜRBIS-JOGHURT-DRESSING

50 g Joghurt
80 g Essig
100 g Wasser
50 g Olivenöl
30 g Kürbiskernöl
1 Prise Salz
1 Prise Pfeffer
1 Prise Zucker

ZUBEREITUNG

Für das Dressing alle Zutaten in ein Schraubglas füllen und verschließen. Nun gut schütteln, sodass sich alles gut miteinander vermischt.

VEGANES DRESSING

1 Apfel
1 kleine weiße Zwiebel
1 Handvoll Sonnenblumenkerne
1 TL Senf, 1 Prise Salz und Pfeffer
80 g Apfelessig
100 g Wasser

ZUBEREITUNG

Für das Dressing den Apfel schälen und grob schneiden. Die Zwiebel schälen und grob hacken. Alle Zutaten in einen Standmixer geben und gut miteinander verrühren, bis alles cremig ist.

SENFDRESSING

8 EL Öl
6 EL Essig
1 TL Senf
½ TL Salz
1 TL Zucker

ZUBEREITUNG

Für das Dressing alle Zutaten in ein Schraubglas füllen und verschließen. Nun gut schütteln, sodass sich alles gut miteinander vermischt.

LIEBLINGSDRESSING

2 EL weißer Balsamico
2 EL Himbeeressig
125 g Apfelsaft
125 g Gemüsebrühe
1 Eigelb
50 g Olivenöl
50 g Rapsöl
1 EL Zucker
½ EL Salz

ZUBEREITUNG

Den Balsamico, den Himbeeressig, den Apfelsaft, die Gemüsebrühe und das Eigelb mit einem Standmixer gut mixen. Langsam das Olivenöl, das Rapsöl, den Zucker und das Salz dazugeben und nochmals gut verrühren.

Portionsweise in Schraubgläser abfüllen.

TIPP.

Salat eignet sich als Beilage zu fast jedem Gericht. Deswegen habe ich dir hier meine Lieblingsdressings zusammengestellt, weil du sie einfach in einer größeren Menge zubereiten und 2–3 Tage im Kühlschrank lagern kannst. So hast du ganz schnell eine frische Beilage für Tage, an denen es schnell gehen muss.

ES GRÜNT SO GRÜN: WENN ES MAL VEGETARISCH SEIN SOLL

—

Du willst mal wieder einen Tag ohne Fleisch einlegen? Gute Idee – denn vegetarischen Gerichten aus dem Backofen kann wirklich niemand widerstehen. Vom würzigen Gemüsegratin bis hin zu gefüllten Zucchini gibt es eine ganze Menge vegetarische Gerichte, die zwar einfach, aber auf keinen Fall langweilig sind. Wie wäre es zum Beispiel mit knusprigen Pizzataschen (Seite 172)? Die schmecken kalt genauso gut wie warm: der perfekte Snack zum Mitnehmen für den nächsten Tag. Was ich an vegetarischen Gerichten auf Gemüsebasis außerdem so mag, ist, dass sie so wandelbar sind. Bei vielen Rezepten kannst du die Zutaten, die ich verwende, jederzeit durch das Gemüse ersetzen, das du gerade zuhause hast. Vegetarische Küche ist auch deshalb vielseitig, weil je nach Jahreszeit andere Gemüsesorten Saison haben – immer anders, immer gut.

GEFÜLLTE CANNELLONI MIT TOMATENSAUCE

ZUBEREITUNGSZEIT:
30 Minuten

BACKZEIT:
30 Minuten

BACKTEMPERATUR:
180 °C Heißluft

___

ZUTATEN
FÜR 4 PERSONEN
(FÜR 1 RUNDE ODER
ECKIGE AUFLAUFFORM,
DURCHMESSER 25 CM
ODER 30 X 20 CM)

Fülle
800 g tiefgekühlter oder
frischer Blattspinat
260 g Kräuterfrischkäse
125 g Crème fraîche
125 g Ricotta
Salz, Pfeffer

250 g Cannelloni (ca. 24 Stk.)

Sauce
2 kleine Zwiebeln
2 Knoblauchzehen
1 EL Öl
400 g stückige Tomaten
150 g Schlagsahne
Salz, Pfeffer, italienische
Kräuter

zum Überbacken
200 g geriebener Käse

ZUBEREITUNG

Den tiefgekühlten Spinat kurz in heißem Wasser auftauen, anschließend ausdrücken und grob schneiden. (Frischen Spinat direkt grob schneiden.) In einer Schüssel den Spinat mit dem Kräuterfrischkäse, der Crème fraîche und dem Ricotta vermischen und mit Salz und Pfeffer abschmecken.

Die Spinatmasse in einen Spritzsack geben, die Cannelloni damit füllen und in eine beliebige Auflaufform legen.

Für die Sauce die Zwiebeln und die Knoblauchzehen schälen und kleinwürfelig schneiden. In dem heißen Öl kurz anrösten, mit den stückigen Tomaten und der Schlagsahne aufgießen. Die Tomatensauce mit Salz, Pfeffer und italienischen Kräutern abschmecken. Die Tomatensauce über die gefüllten Cannelloni verteilen und mit dem geriebenen Käse bestreuen.

Nun im vorgeheizten Backofen bei 180 °C Heißluft etwa 30 Minuten überbacken.

GEMÜSEFRITTATA

ZUBEREITUNGSZEIT:
20 Minuten

BACKZEIT:
30 Minuten

BACKTEMPERATUR:
200 °C Heißluft

____

ZUTATEN
FÜR 4 PERSONEN
(FÜR 1 RUNDE
AUFLAUFFORM,
DURCHMESSER 25 CM)

Frittata
1 Zwiebel
1 Karotte
1 Zucchini
½ rote Paprika
½ gelbe Paprika
120 g Champignons
200 g Cocktailtomaten
1 EL Öl
Salz, Pfeffer
1 Bund Basilikum

Guss
4 Eier
90 g Milch

zum Überbacken
30 g Parmesan (alternativ
Fetakäse)

ZUBEREITUNG

Das Gemüse klein schneiden und in einer Pfanne mit dem Öl anrösten. Mit Salz, Pfeffer und dem klein gehackten Basilikum würzen. Danach in eine Auflaufform füllen.

Die Eier mit der Milch verquirlen und über das Gemüse leeren.

Mit dem Parmesan oder Fetakäse bestreuen und bei 200 °C Heißluft für etwa 30 Minuten überbacken.

GEFÜLLTE PIZZASTANGEN

ZUBEREITUNGSZEIT:
30 Minuten (ohne Rastzeit)

RASTZEIT:
70 Minuten (gesamt)

BACKZEIT:
20 Minuten

BACKTEMPERATUR:
180 °C Heißluft

___

ZUTATEN
FÜR 4 PERSONEN

Teig
100 g lauwarme Milch
200 g lauwarmes Wasser
500 g Weizenmehl 700/550 (D)
10 g Salz
10 g frische Germ/Hefe

Fülle
20 Cocktailtomaten
250 g Mozzarella
100 g Frischkäse
Basilikumblätter, Salz, Pfeffer,
Oregano

ZUBEREITUNG

Aus den angegebenen Zutaten einen Germ-/Hefeteig zubereiten (siehe Seite 19) und zugedeckt 1 Stunde rasten lassen.

Nun aus dem Teig 100 g schwere Stücke abschneiden, zu Kugeln schleifen und nochmals 10 Minuten rasten lassen.

Währenddessen die Cocktailtomaten vierteln und den Mozzarella in feine Scheiben schneiden.

Die Teigkugeln oval ausrollen, der Länge nach mittig mit dem Frischkäse bestreichen und mit den Tomaten- und Mozzarella-Stücken belegen. Die Basilikumblätter darauflegen und mit Salz, Pfeffer und Oregano abschmecken.

Danach von der langen Seite her zu Stangen aufrollen und auf ein mit Backpapier belegtes Backblech legen.

Mit Wasser besprühen und im vorgeheizten Backofen bei 180 °C Heißluft mit viel Dampf etwa 20 Minuten backen.

PIZZATASCHEN

ZUBEREITUNGSZEIT:
30 Minuten

BACKZEIT:
20 Minuten

BACKTEMPERATUR:
180 °C Heißluft

ZUTATEN
FÜR 4 PERSONEN

Teig
250 g Weizenmehl 700/550 (D)
250 g Topfen/Quark
250 g Butter
5 g Salz

Fülle
8 Käsescheiben
100 g Tomatensauce
Salz, Basilikumblätter

zum Bestreichen bzw.
Bestreuen
1 Ei
100 g geriebener Käse

ZUBEREITUNG

Aus den angegebenen Zutaten einen Topfen-/Quarkteig herstellen. Dazu alle Zutaten mit den Händen oder einem Knethaken zu einem glatten, eher festen Teig verkneten.

TIPP.
Anders als z. B. Germ-/Hefeteig (siehe Seite 19) muss ein Topfen-/Quarkteig nicht rasten, du kannst ihn also gleich weiterverarbeiten.

Den Teig auf einer bemehlten Arbeitsfläche ausrollen, in der Mitte länglich mit der Hälfte der Käsescheiben belegen und etwas Tomatensauce daraufstreichen. Mit Salz würzen und mit den Basilikumblättern belegen. Die restlichen Käsescheiben darauflegen.

Nun an der Längsseite entlang zusammenklappen, etwa 2–3 cm breite Streifen abschneiden und auf ein mit Backpapier belegtes Backblech legen. Mit dem verquirlten Ei bestreichen und mit dem geriebenen Käse bestreuen.

Im vorgeheizten Backofen bei 180 °C Heißluft etwa 20 Minuten backen.

TIPP.
Wenn es bei uns Pizza Calzone (Seite 38) gibt, mache ich gern gleich mehr Tomatensauce und verwende sie später für andere Gerichte – zum Beispiel diese Pizzataschen.

PIKANTE BUCHTELN

ZUBEREITUNGSZEIT:
35 Minuten (ohne Rastzeit)

RASTZEIT:
1 Stunde

BACKZEIT:
20 Minuten

BACKTEMPERATUR:
200 °C Heißluft

ZUTATEN
FÜR 4 PERSONEN
(FÜR 8 GLÄSER MIT
10 CM DURCHMESSER)

Teig
100 g Milch
200 g Wasser
500 g Weizenmehl 700/550 (D)
10 g Salz
10 g frische Germ/Hefe

Fülle
3 rote Zwiebeln
20 g Butter
2 EL Zucker
Salz, Pfeffer

Sauce
30 g Butter
20 g Weizenmehl 700/550 (D)
300 g Milch
200 g Schlagsahne
150 g geriebener Bergkäse
Salz, Pfeffer, Muskat

etwas Butter für die Gläser
etwas Schnittlauch zum Dekorieren

ZUBEREITUNG

Aus den angegebenen Zutaten einen Germ-/Hefeteig zubereiten (siehe Seite 19) und diesen zugedeckt 1 Stunde rasten lassen.

Die Zwiebeln schälen und in feine Ringe schneiden. Nun in der heißen, geschmolzenen Butter anbraten, bis die Zwiebelringe weich sind. Den Zucker dazugeben und karamellisieren. Mit Salz und Pfeffer würzen, etwas abkühlen lassen.

Den Teig in 70 g schwere Stücke aufteilen und oval ausrollen.

Die karamellisierten Zwiebeln mittig auf die Teigstücke geben und zu einer Kugel verschließen. Die Kugeln in eingefettete hitzebeständige Gläser geben und im vorgeheizten Backofen bei 200 °C Heißluft etwa 20 Minuten backen.

Für die Sauce die Butter in einer Pfanne schmelzen und das Mehl einrühren. Mit der Milch und der Schlagsahne aufgießen, den Käse dazugeben, aufkochen lassen und unter ständigem Rühren weiterkochen lassen, bis der Käse geschmolzen ist. Anschließend mit Salz, Pfeffer und Muskat abschmecken.

Die Buchteln mit der Sauce servieren und mit Schnittlauch garnieren.

GEMÜSEGRATIN

ZUBEREITUNGSZEIT:
40 Minuten

BACKZEIT:
30 Minuten

BACKTEMPERATUR:
180 °C Heißluft

ZUTATEN
FÜR 4 PERSONEN
(FÜR 1 AUFLAUFFORM,
30 X 20 CM)

500 g Kartoffeln
200 g Champignons
1 kleine Zucchini
½ Paprika
100 g Mais

etwas Butter/Öl für die Form

Guss
250 g Schlagsahne
250 g Sauerrahm/Saure Sahne
2 Eier
Salz, Pfeffer, Paprikapulver,
Thymian

zum Bestreuen
200 g geriebener Käse

ZUBEREITUNG

Die Kartoffeln mit der Schale in Salzwasser kochen. Kurz auskühlen lassen und schälen. Eine Auflaufform mit etwas Butter einfetten.

Die Champignons und die Zucchini in feine Scheiben und die Paprika kleinwürfelig schneiden. Die Kartoffeln in 0,5 cm dicke Scheiben schneiden und in die Auflaufform legen.

Nun eine Schicht Champignons, Zucchini, Paprika und Mais über die Kartoffeln streuen und gleichmäßig in der Form verteilen. Danach wieder eine Schicht Kartoffeln und eine weitere Schicht Gemüse ergänzen.

Für den Guss die Schlagsahne mit Sauerrahm/Saurer Sahne und den Eiern gut vermischen. Mit den Gewürzen abschmecken und über das Gemüsegratin leeren.

Alles mit dem geriebenen Käse bestreuen und im vorgeheizten Backofen bei 180 °C Heißluft etwa 30 Minuten backen.

GEFÜLLTE ZUCCHINI

ZUBEREITUNGSZEIT:
30 Minuten

BACKZEIT:
20 Minuten

BACKTEMPERATUR:
170 °C Heißluft

ZUTATEN
FÜR 4 PERSONEN

4 Zucchini
120 g Couscous
1 Zwiebel
1 Knoblauchzehe
2 EL Olivenöl
Thymian, Rosmarin, Oregano
1 Tomate
½ rote Paprika
100 g Champignons
Paprikapulver
1 EL Tomatenmark
50 g Sauerrahm/Saure Sahne
Salz, Pfeffer
100 g geriebener Käse

ZUBEREITUNG

Die Zucchini waschen, der Länge nach halbieren, aushöhlen und das Fruchtfleisch zur Seite stellen.

Den Couscous mit der doppelten Menge an heißem Wasser übergießen und 5–10 Minuten quellen lassen.

Die Zwiebel und die Knoblauchzehe schälen und klein schneiden, in dem heißen Öl anrösten und mit Thymian, Rosmarin und Oregano würzen.

Die Tomate und die Paprika kleinwürfelig und die Champignons in feine Scheiben schneiden. Anschließend alles gemeinsam mit dem zerkleinerten Zucchini-Fruchtfleisch zu der Zwiebel-Knoblauch-Mischung in die Pfanne geben und mitrösten.

Mit Paprikapulver würzen und Tomatenmark und Sauerrahm/Saure Sahne hinzufügen. Zum Schluss noch den Couscous unterheben und mit Salz und Pfeffer würzen.

Die Fülle nun in die ausgehöhlten Zucchini geben und diese auf ein mit Backpapier belegtes Backblech legen. Mit dem geriebenen Käse bestreuen und im vorgeheizten Backofen bei 170 °C Heißluft etwa 20 Minuten überbacken.

DA IST DER OFEN AUS: WENN'S MAL NICHT SO LÄUFT WIE GEPLANT

___

Der Bauch sagt „Hunger!", du machst die Ofenklappe auf – und entdeckst, dass der Auflauf oben eindeutig schon ein bisschen zu knusprig ist ... Solche oder ähnliche Szenarien haben wir beim Kochen wohl alle schon erlebt. Damit dir das nicht passiert bzw. damit du fürs nächste Mal weißt, was du anders machen kannst, hier ein paar Tipps aus eigener Erfahrung.

DER AUFLAUF IST OBEN ANGEBRANNT.

Es ist schon fast ein Fehler-Klassiker: Der Auflauf ist oben sehr viel dunkler, als er sein sollte. In so einem Fall kannst du diese obere Schicht entfernen, anschließend ein Gemisch aus Käse, Ei und Milch über den Auflauf geben und ihn nochmals ein paar Minuten in den Ofen stellen. Generell lässt sich dieses Problem aber relativ gut vermeiden, wenn du mit Heißluft arbeitest, weil bei dieser Einstellung die Hitze sehr gleichmäßig verteilt wird.

DAS GERICHT IST UNTEN SCHON DURCH, ABER OBEN NOCH NICHT KNUSPRIG.

Die Ofenzeit ist eigentlich vorbei, aber die Oberseite des Gerichts kommt dir noch nicht fertig vor? Der klassische Tipp für diesen Fall ist es, die Form mit Alufolie abzudecken und ein paar Minuten länger im Ofen zu lassen. Wenn du keine Alufolie verwenden möchtest, bietet sich die langfristig günstigste und vor allem nachhaltige Lösung an: Ofenformen mit Deckel.

DIE KARTOFFELN ODER NUDELN IM AUFLAUF SIND NOCH ZU HART.

Kartoffeln und Nudeln brauchen ausreichend Flüssigkeit und Hitze, um weich zu werden. Halte dich deswegen möglichst genau an die Mengenangaben bei Zutaten und die angegebene Ofenzeit. Wer hier allzu sparsam ist, muss damit rechnen, dass das Gericht am Ende extra-bissfest ausfällt.

Und beim Kartoffelgratin (Seite 109) gilt: Die Kartoffeln sollten auf jeden Fall gehobelt werden, nicht kleingeschnitten. Beim Schneiden kann es nämlich passieren, dass die Scheiben zu dick ausfallen und die Garzeit entsprechend zu kurz ist.

DIE AUFLAUFFORM IST NACH DEM KOCHEN VERKRUSTET.

Das Gute an Gerichten aus der Auflaufform? Einfach alles! Oder, na ja, zugegeben: Auf die Kruste, die in der Form zurückbleibt, könnte man verzichten. Damit du beim Abspülen nicht zu lang schrubben musst, empfiehlt es sich, die leere Form so bald wie möglich mit Spülmittel (oder einem Geschirrspültab) und heißem Wasser zu füllen. Lass sie über Nacht stehen und die Reste werden sich am nächsten Tag gut lösen.

DAS ESSEN FÄLLT AUSEINANDER, WENN MAN ES AUF DEN TELLER GIBT.

Die Teller stehen bereit, du willst die erste Portion Lasagne o. Ä. auf den Teller heben – und die einzelnen Schichten geraten ins Rutschen? Schmecken wird das Essen natürlich trotzdem genauso gut, aber wenn du möchtest, dass auch alles an seinem Platz bleibt, hilft nur eins: Geduld. Lass bei geschichteten Gerichten die Form, nachdem du sie aus dem Ofen geholt hast, noch ein paar Minuten stehen. Dann halten die einzelnen Lagen beim Servieren besser zusammen.

DER TEIG FÜR PIZZA, FLAMMKUCHEN O. Ä. FÜHLT SICH KLEBRIG AN.

Die klebrige Konsistenz kannst du leicht beheben, indem du einfach ein bisschen Mehl auf die Teigoberfläche gibst und es einknetest. Nimm aber nur ganz wenig Mehl und gib bei Bedarf nach und nach mehr dazu, damit der Teig nicht zu trocken wird.

ALLES AUS DEM OFEN: ALPHABETISCHES REZEPTREGISTER

Löwenzahn-Bücher werden nicht in Plastikfolie verpackt – für unsere Umwelt und unsere Zukunft.

————

3. Auflage
© 2023 by Löwenzahn in der Studienverlag Ges.m.b.H.,
Erlerstraße 10,
A-6020 Innsbruck
E-Mail: loewenzahn@studienverlag.at
Internet: www.loewenzahn.at

————

Inhaltliche Betreuung: Löwenzahn Verlag/Christina Kindl-Eisank, Katharina Schaller

————

Konzept: Löwenzahn Verlag/Josefa Niedermaier

————

Lektorat: Löwenzahn Verlag/Josefa Niedermaier

————

Projektleitung: Löwenzahn Verlag/Julia Scherzer

————

Umschlag- und Buchgestaltung, Illustrationen sowie grafische Umsetzung: Tina Spindlegger – Atelier für Design & Kommunikation

————

Fotografien: alle Nadja Hudovernik | www.nadja-hudovernik.com, außer: Backen mit Christina GmbH: S. 21

————

Bibliografische Information Der Deutschen Nationalbibliothek

Die Deutsche Nationalbibliothek verzeichnet diese Publikation in der Deutschen Nationalbibliografie; detaillierte bibliografische Daten sind im Internet über <http://dnb.dnb.de> abrufbar.

ISBN 978-3-7066-2986-7

————